歴史をつくった洋菓子たち

キリスト教、シェイクスピアからナポレオンまで

長尾健二

築地書館

私たちにとってシュークリームやカップケーキは、パンや塩のような必需品ではない。しかし、「美しく青きドナウ」や「ヘイ・ジュード」と同様、それは私たちに必要なものなのだ。
お菓子について深く知ることで、人を人たらしめているのが何なのか、たぶん、もう少し学ぶことができるだろう。

——マイケル・クロンドル

目次

第一部

文化史としての洋菓子の歴史

どんなものにもそれぞれの歴史がある。

世界を揺るがすような大事件であれば、それは必ず記録され、書物や資料の形で後世に語り継がれる。人びとのくらしに密着した日常の些事であれば、公式に記録されることはないけれど、人びとの記憶の中にとどまり、やはり後世に語り継がれる。

洋菓子という嗜好品は、さしずめ後者の典型と言ってよいだろう。それはつまり、洋菓子*の歴史は記録よりもむしろ記憶によって刻まれてきたということであり、これがその探求を難しくしているひとつの大きな要因となっている。

しかし、個々の歴史が他の歴史と切り離されて独自に形成され発展してきたわけではないというのも、また事実である。それぞれの歴史は他の多くの歴史と影響を与え合ったり摩擦を引き起こしたりしながら、最終的に人類史という大きな流れへと収斂《しゅうれん》する。

洋菓子の歴史も、ひとつひとつを見れば取るに足らない些事であっても、それはまぎれもなく食文化史というより大きな歴史の一部である。さらに、食文化史もまた文化史を構成する重要な一部であるということを考えるならば、文化史を丹念にたどっていくことによって食文化史の変遷を探り、さらには洋菓子の歴史を再構築することも可能となるはずではないだろうか。

とはいうものの、やはりそれは口で言うほど簡単な作業ではない。なぜなら、記録でなく記憶によって語り継がれる歴史は大体においてあいまいで根拠の乏しいものになりがちだからだ。食文化史の膨大な記録と資料の中から洋菓子に関する断片を拾い集め、それらを組み合わせて一貫した全体像を浮かび上がらせるのは、細かいピースを探し出して欠けた部分を埋めていく複雑なジグソーパズルに似ている。完成させるには時間と労力がかかるし、さらに洋菓子の歴史の場合には想像力や推理力といったいささか非論理的な能力も必要となる。その結果どうしても厳密性に欠ける議論になってしまうことが避けられないのだ。

そして、これこそが洋菓子の歴史に関して伝説や妄説、奇説、珍説が生み出される最大の原因である。そう、洋菓子の歴史や由来についてのあまたの書物や資料で、根拠不明の信ぴょう性に乏しい叙述が飽くことなく繰り返される理由も、まさにここにある。

巻頭早々こんなことを書くのも恐縮だが、本書の第二部で紹介する洋菓子の由来と伝説の数々も、実はその例に漏れない。歴史の名にふさわしくない怪しげなエピソードのオンパレードである。

しかし、ここで重要なことは、どんないかがわしい由来が語られていようと、洋菓子は――特に人びとの間でよく知られた銘菓と呼ばれる洋菓子は――間違いなく西洋の文化の一端を担っているという事実である。それが意味するのは、洋菓子の由来や伝説の背景には連綿と連なる文化史の大山脈が横たわっており、洋菓子の歴史をひもとこうとするならばその背後にある文化史、とりわけ食文化史の広大な森に足を踏み入れなければならないということである。それをせずに由来や伝説の表面的なおもしろさのみをすくい上げようとすれば、それこそ珍説、妄説の類に堕してしまうだろう。

第一部では、洋菓子にまつわる由来と伝説を正しく理解するために、その背景となった文化史的要因をいくつかのトピックを通して俯瞰《ふかん》する。

＊本書で頻繁に用いられる洋菓子という言葉について明確にしておこう。洋菓子の「洋」は、すなわち「西洋」の「洋」である。「洋」というならば西洋だけではなく東洋もあるわけだから、単に洋菓子といっても西洋の菓子だか東洋の菓子だか判別がつかないはずだが、明治以来わが国で「洋」といえばおおむね「西洋」を指すことになっている。「洋食」しかり。「洋楽」しかり。「洋画」しかり。「洋館」しかり。

したがって洋菓子といえばもっぱら西洋の菓子を指す。だから、中国やロシア、東南アジア、インド、中東など世界のいたるところに独自の菓子があってそれぞれ独自の発展を遂げているのだけれども、そうした菓子は洋菓子の範疇には含まない。あくまでも西洋、より具体的には西ヨーロッパの菓子を洋菓子と呼ぶのである。

信仰

文化の根源には宗教がある。

どんな時代のどんな地域の文化も、その時代その地域に根付いた宗教と切り離して考えることは難しい。

ヨーロッパの文化も古代ローマの時代から現代に至るまで、いろいろな宗教の影響を直接あるいは間接に受けながら発展してきた。古くは太陽信仰に基づくミトラ教をはじめとする原始的な土着の信仰があったし、時代が下るとキリスト教が隆盛を極め人びとのくらしの隅々にまで入りこんで絶大な影響力をふるった。また、時代によってはイスラム教の支配下にあった地域もあり、そこでは当然イスラム色の強い文化が普及した。西洋文化とひと言で言っても、その大木を支えるのは互いに絡み合うそうしたもろもろの宗教の根で、それが文化の多様性を生み出すことにもつながっているのである。

西洋文化の一端を担う洋菓子も、当然そうした宗教の影響下で育まれてきたものであるはずだ。その最初期こそ宗教と関係なく庶民の日常の食べ物として自然発生的に生み出されたものだったとしても、時代の変遷とともに宗教によって色付けされ、その文化に組み込まれていったのはごく当然のなりゆきである。であるならば、宗教は洋菓子の発展にいったいどんな影響を与えてきたのだろう。

その答えはもちろん一様ではない。宗教色はほんの表面のみで実質は宗教と無関係というものから、宗教抜きにはその存在すら考えられないというものまで、実にさまざまだ。それは時代によっても異なるし地域によっても異なる。

たとえば、ブランマンジェ（blanc-manger）という中世からある古いお菓子を考えてみよう。

ブランマンジェは現代でもフランスに限らず世界のいたるところで作られているデザートの定番だが、このお菓子を宗教と関連付けて考える人は、今ではおそらくほとんどいないだろう。製法も、卵黄と牛乳と砂糖を混ぜて煮たものをゼラチンで固めるという、ほとんどババロワと区別のつかないブランマンジェすら登場している。

しかし、このお菓子は本来はキリスト教と密接に結びついたものだった。というより、キリスト教の教義の必要から生まれたお菓子と言ったほうがより正確かもしれない。

もともとの作り方は、アーモンドを挽《ひ》いて粉末にし、それを煮てから布で絞って濾《こ》すアーモンド・ミルクが主原料で、卵は入らないし砂糖も入らない。どちらかというと、お粥のような食べ物でお菓子というより料理の範疇だった。

なぜこのような食べ物がキリスト教の教義の必要に応じて作られたのかというと、キリスト教世界では「大斎・小斎」と呼ばれる断食期が設けられており、この期間は肉や乳製品、卵を口にすることが禁じられていたからである。

キリスト教における断食は、キリストが悪魔の誘惑を退けながら四〇日間にわたって荒野をさまよい、その間何も食べず何も飲まなかった、という聖書の記述に基づくもので、不屈の信仰心の証としてすべてのキリスト教徒に求められるもっとも基本的かつ重要な教義である。王も庶民も富豪も貧民もこの教義に背くことが許されない、きわめて厳格な規律であった。その期間も、復活祭前の四旬節の四〇日間をはじめとして、比較的長期間にわたる大斎と短期間のみの小斎を合わせると、一年のおよそ四分の一にも及んだ。断食が人びとにどれほど大きな負担を強いていたか、想像に難くない。

だからこそ、人びとはこの期間に食べることのできる食材だけを使ってできるだけ味の良い食べ物を作り出すことに腐心したのである。

アーモンド・ミルクは、中世から近世にかけての断食期の料理の改良に情熱を傾けた人びとの創意と工夫の結晶ともいうべき素材であった。

ブランマンジェに限らず、一九世紀までに公にされた料理書には必ず通常期の料理とともに断食期の料理の記載があり、両方にほぼ同じ比重でページが割かれている。

一例を挙げるならば、一七四二年に刊行されたラ・シャペルの『現代の料理人』第一巻第四章の「テリーヌのアントレ」には二八種のテリーヌが紹介されているのだが、このうちの半分、一四種が断食期用のテリーヌで、主原料は魚である。

断食期用の料理はフランスでは en maigre（肉なしの）と呼ばれ、通常期の料理を指す en gras（肉食の）と明確に区別された。

この区別は当然洋菓子にもあてはまる。すなわち、乳製品や卵を使った gras の洋菓子もあったし、ブランマンジェに代表される maigre の洋菓子もあった。

べーニェ（beignet）という中世以降の料理書に頻繁に記載が見られる揚げ菓子もやはり断食と関係が深く、ブランマンジェと同様古くはもっぱら断食期に作って食べられた。宗教儀式に関係するお菓子なので、それを作るのが修道士や修道女であることも多かった。べーニェのエピソードの場面にしばしば修道院が登場するのはそのためである。

現代でもスペインのカタルニア地方のように、キリスト教の祭事に合わせてべーニェを食べる習慣はヨーロッパの各地に残っている。

もうひとつキリスト教の伝説がお菓子に結びついた例を挙げておこう。

ナヴェット（Navette）という小さなボートの形をしたビスケットがある。ナヴェットといえばカトリックで祭事に用いられる舟形の香炉が同じ名前で呼ばれているが、それが菓名の由来なのだろうか。だとすると、なぜ祭事用の香炉がお菓子と結びつけられたのだろう。

それを検討するためには次の伝説がヒントになりそうだ。

話は一三世紀にさかのぼる。フランス・プロヴァンス地方にあるラシドンの浜辺にクルミの木で作られた極彩色の聖母マリアの彫像が流れついた。それを聖なる徴《しるし》、守護の兆候とみなした地元の住人たちはその像を聖ヴィクトル修道院に安置し、以来そこは巡礼の地となった。

時代が下って一七八一年、マルセイユのパン職人アベルーは各地から聖ヴィクトル修道院にやってくる巡礼者の疲れを癒そうと小舟の形をしたビスケットを作ることを思いつき、マルセイユに「フール・デ・ナヴェット（Four des Navettes）」という菓子店を開いた。小舟の形にしたのは聖母マリア像がプロヴァンスの浜辺に流れついたことを想起させるためである。こうしてナヴェットは生まれたのだった。

ちなみにナヴェットという名前はラテン語の navis（舟）からきており、それに「小さなもの」を意味する語尾の -tte が付いたものだ。

アベルーが創設した「フール・デ・ナヴェット」という菓子店は今でもマルセイユに現存している。だからこの話は、前半が伝説で後半は事実である。つまり、ナヴェットは香炉の形を模して舟形にしたのではないことになる。もしかすると、逆にお菓子のナヴェットを模して香炉が作られたのかもしれないし、あるいは両者はまったく関係がないのかもしれない。この辺はまさに伝説の伝説たるゆえんである。

こんなふうに、ブランマンジェにしてもベーニェにしてもナヴェットにしても、そうした食べ物の存在はキリスト教の教えが洋菓子の発展にも強い影響を与えてきたなによりの証拠と言ってよいだろう。

その一方で、教義や戒律とは無関係でありながらキリスト教を抜きにしては語ることのできない洋菓子もある。

二月二日の聖母マリアの清めの日（聖燭祭）にフランス各地で食べられるクレープや、クリスマスのビュッシュ・ド・ノエル、鳩をかたどったイタリアの復活祭のお菓子コロンバ・パスクァーレなど、これも数え上げれば枚挙にいとまがない。こうしたお菓子は、キリスト教の祭事に結び付けられているけれども、実は本来はキリスト教に由来するものではなく、それぞれの地域の土着の信仰に根ざすものである。それがキリスト教の勢力拡大にともない、異教徒を懐柔するために巧妙にキリスト教の中にとりこまれた数々の文化とともに広まった。したがってそこにはキリスト教の戒律による制約はいっさいなく、お菓子にこめられた人びとの思いも一族の平穏・息災、自らの成功、農産物の豊穣といった個人もしくは共同体の素朴な願望である。

さらには、キリスト教と直接のつながりはないが、その威光をちょっと拝借して商売に利用した、という洋菓子もある。

タルト・ブルダルー（Tarte Bourdaloue）は素朴な洋梨のタルトだが、この菓名のもとになったブルダルーは一七世紀に実在した聖職者で、パリの聖ルイ教会の祭壇にしばしば立ち、レトリックを駆使した雄弁な説教を行なって大変な人気を博した人物である。説教の日ともなると教会には大勢の大衆が集まって大きなにぎわいを見せたほどだったが、その大衆を目当てにファスという当時一般的だった焼き菓子を作って売る屋台（ファシエ）が多数現れた。その中に商才に富んだ一人のファシエがいて、商売の儲けをつぎ込んで独立した店舗を立ち上げ、店の名前に人気の高い聖職者にあやかって「ブルダルー」と名付けたのだった。

その後、店のあった通りはブルダルー通りと呼ばれるようになり、一九世紀半ばにその通りに店を出したパティシエのファスケルは、新しく創作した洋梨のタルトに通りの名前を取って「タルト・ブルダルー」と命名した。

もっともこの由来には異説もあって、パリ九区に現存する菓子店「ブルダルー」の創業者であるブリアム氏が「タルト・ブルダルー」の生みの親であるという。しかもこの話には、ブリアム氏の後継者であるコクラン氏が店の権利をタルトの権利とともに買い取ったのだが、その買値はなんと一フランだったというおまけがついている。その後経営者は何度も代替わりを重ねたが、「タルト・ブルダルー」とその製法は連綿と受け継がれて現在に至っている、というわけだ。しかし、この九区の「ブルダルー」は一七世紀のファシエの店とは関係がなく、店名の由来もはっきりしないので、あまり説得力のある説とは言いがたい。

いずれにしても、洋菓子がキリスト教の強い影響下にあったのは、実際には一九世紀はじめの頃までで、それ以降は近代化の進展とともに宗教色も次第に薄まっていく。しかし長い時間をかけて民衆の間にこびりついた風習や習俗はそう簡単には消滅しない。絢爛豪華な現代フランス菓子はともかくとして、シンプルで質素な伝統菓子と呼ばれるジャンルをはじめとして宗教の痕跡をとどめる洋菓子は今なお少なくないのである。

パティシエ

一昔前までは洋菓子職人とか洋菓子技術者と呼ばれていた洋菓子製造のプロたちは、今では一様にパティシエ（pâtissier）と呼ばれている。

職人では何となく頑固親父を連想させるし、技術者ではあまりにも無味乾燥。そこへいくとパティシエという言葉は響きも悪くないうえにおしゃれなイメージが漂っている。清潔な洋菓子店の厨房（最近ではアトリエといったりする）で、白衣を着て颯爽と宝石のようなお菓子作りに腕をふるう姿が目に浮かんできさえする。実にカッコいい。

日本では少し前にはパティシエ・ブームなどというものがあったし、カリスマ・パティシエと呼ばれる有名シェフがメディアに頻繁に登場したりして、パティシエという言葉もすっかり耳になじんだ。最近はブームも少し落ちついてきているように見えるが、パティシエが他の多くの職人に比べて一段と高い地位に座らされているのは相変わらずである。若い女性たちが憧れの職業としてパティシエ（女性形はパティシエール〔pâtissière〕）を挙げるのも無理はない。

昭和の高度経済成長期に朝早くから夜遅くまで汗と小麦粉にまみれて働いた洋菓子職人のいったい誰が、こんな夢のような時代がくることを想像しただろうか？

実際のパティシエの仕事はそんなにおしゃれでもカッコよくもなく、昭和の洋菓子職人の仕事と大差はないのだが、それはともかくパティシエという言葉は今や世界共通語である。日本だけでなく、母国フランスはもちろんのことドイツでもスペインでもアメリカでもパティシエで立派に通用する。

これは、特に現代においてはフランス菓子が洋菓子の基準になっていることを示している。ドイツ菓子とかウィーン菓子とかスイス菓子などと言ってヨーロッパのお菓子を地域で分類してみても、それはあくまでも伝統菓子の話で、現代においてはどの国の菓子店のウィンドウもフランスの菓子店のウィンドウとそれほど大きな違いはない。特に高級店といわれる店ではそうである。

それほどまでに世界を席巻するフランス菓子の作り手であるパティシエだが、実はその背後にも今ではほとんど顧みられることのない歴史が存在する。

そもそもパティシエという言葉は、いつ頃から、どんないきさつで使われるようになったのだろう。

この問いに対する答えは定かではないが、一説によると一三世紀までさかのぼることができるといわれている。確かな記録としては、一七六六年発行の『技能および職業携帯辞典』のパティシエの項目にこんな記述がある。

パティシエには二種類ある。すなわちパティシエ・ウブレイエ（Pâtissiers-Oublayers）とパティシエ・ド・パン・デピス（Pâtissiers de Pain-d'épice）であり、それぞれが異なったコルポラシオン（同業者組合。ドイツ圏でいうギルドにあたるもの）を形成している。本項目に記載のパティシエは前者に関するものであり、かつてはキャバレティエ（cabaretier　居酒屋）やロティスール（rôtisseur　ロースト肉屋）、キュイジニエ（cuisinier　料理人）、パティシエがすべて同じコルポラシオンにまとめられていた。（中略）パリにおけるパティシエ組合は大変古く、その地位はシャルル九世によって一五六六年に与えられ、翌年の二月一〇日に議会によって承認・登録された。［＊カッコ内は筆者］

百科全書に掲載されたパティシエの仕事場と道具類の図版。
（Encyclopédie, ou Dictionnaire Raisonne des Sciences, des Arts et des Métiers, 1751。大阪府立図書館所蔵『フランス百科全書〈図版集〉』より）

この説明の中にあるウブレイエというのはウブリ（oublis）を作って売る商売人のことで、ウブリは二枚合わせの鉄型に生地を挟んで焼く薄いパリパリしたお菓子である。ゴーフル（gauffle）やフアス（fouace）と並んで当時の代表的な庶民のお菓子であり、パティシエ・ウブレイエという名称から一八世紀頃まではウブリを作るのがパティシエの主要な仕事のひとつであったことがわかる。

また、一八六三年に出版された『パリの職人』の中には昔のウブレイエの姿を描写した箇所がある。

ウブレイエは日中はずっと店にいるが、日が暮れる頃になるとウブリをいっぱい詰めた籠に白いリネンを被せて街に繰り出し、大声で叫ぶ。「熱々のウブリ！　熱々のガレット！　焼きたてのロワンソル！」

この文章の後には、その売り声を聞きつけた住民たちが通りに面した窓を開け、ひもで吊した籠を下ろしてウブリを入れてもらう様子も描かれている。

それでは、ウブレイエと対になっているパティシエの仕事はどんなものだったのだろう。

前出の『技能および職業携帯辞典』では次のように定義されている。

基本的に二種類のパート（Pâte）、すなわちパート・オルディネール（Pâte ordinaire）とパート・フイユテ（Pâte feuilletée）を扱う者。

パートを扱う職人だからパティシエだというのはもっともらしいが、実際にはパートを使って作るお菓子（または料理）をパティスリー（pâtisserie）と言い、そのパティスリーを作る職人のことをパティシエと言ったのである。

フランス語のパートは英語のペースト（paste）やイタリア語のパスタ（pasta）と同じく、小麦粉に水分を加えて練って作る生地のことで、一九世紀頃までのパティシエはこのパートを使ってさまざまなパティスリーを作っていた。その中でもパテ（pâté）は王侯貴族や富裕なブルジョワの宴席の食卓に欠かせない代表格ともいうべきものである。伸《の》したパートを敷き込んだ型の中に肉や魚や野菜などの詰め物を詰めて焼くこのお菓子（というより料理）こそが、パティシエがその存在意義を十二分に発揮して取り組むべきメインテーマだった。直径が三〇センチから大きなものになると一メートルにもおよぶパテを、形を崩さずに美しい焼き色をつけながらしかも中の詰め物にはしっかりと火を通す。この一連の作業を確実にこなすには高度な技能と豊富な経験が必要だった。さらに、表面に施す華麗な飾りもパティシエの腕のみせどころである。というのも、豪華で繊細な装飾がパテの価値を高め、それによって製作者であるパティシエの価値をも高めることになるからだった。

パテをはじめとするパティスリーは、屋敷の中に専属のパティシエを抱えることのできる大貴族や大ブルジョワは別として、宴席のつど外部の専門店から調達するのが普通だった。そういう店は「パティシエの店（chez pâtissier）」と呼ばれ、古い時代からパリにはたくさんあった。二〇〇年ほど前に活躍した伝説的なパティシエ、アントナン・カレームの著者『パティシエ・ロワイヤル・パリジャン』にはカレーム自身の言葉として「パリには二五八軒ものパティシエの店があるけれど、評判の良い店は本当に少ない」とある。これは一九世紀初頭の話で、当然それ以前から多くの店で多くのパティシエが活躍していた。それはつまり、それだけの需要があったということである。

現代と違って当時のパティシエの店は今で言う「ケータリング・サービス」を兼ねていた。つまり、オープンな店舗を構えて対面販売でお菓子を売るだけではなく、顧客の注文に応じてパテやタンバル、ヴォローヴァンなどを焼き、配達するのである。有力なパティシエの店では顧客の屋敷に出向いてその厨房で仕事をすることもあった。大規模な宴席の場合には、食卓をゴージャスに見せるためのピエス・モンテ（大型の工芸菓子）をはじめとする飾りつけもパティシエが準備した。

裕福な顧客の大邸宅に出入りを許されているパティシエは、ブーランジェ（boulanger パン職人）などよりも高級な職業と見られていた。それはジャン・ジャック・ルソーの『告白』に出てくる「立派な紳士はブーランジェの店に入ることなどとても考えられないが、パティシエの店ならば入ることができた」という一節を読むだけでも明らかである。貧民出身の職人にすぎなかった若いカレームが料理界の表舞台に立つきっかけを得られたのも、雇い主であるパティシエのバイイがナポレオンの側近であったタレーランを顧客に持っていてその屋敷に出入りを許されていたからで、ブーランジェだったらそうはいかなかっただろう。

さらに言えば、同じコルポラシオンに属していながら、キャバレティエやキュイジニエよりもパティシエのほうが格上だった。アレクサンドル・デュマは最晩年の大著（実際には作家の死後に出版された）『料理大辞典』のパティスリーの項目でこんなことを書いている。

私たちの間におけるパティシエの地位は以前とは違う。かつては低く見られていたこの職業は、今では高い評価を得ている。古くは恥知らずの人間を指して「パティシエの店の正面の入り口を通って入る」という言い回しがあった。これは、かつてはパティシエがキャバレを併設していたことに由来する。キャバレへ行くのに正面の（パティシエの店の）入り口から入るのはあつかましい行為とされており、慎み深さを装う人は裏口から（キャバレに）こっそり入ったのである。今日では、お洒落でエレガントな店をキャバレと同一視するようなことがあれば、パティシエたちはそれを侮辱と受け取るだろう。［＊カッコ内は筆者］

幸いにもフランス革命の頃にコルポラシオンは廃止され、パティシエとキャバレティエが混同される恐れもなくなったが、それと同時にパティシエの仕事も時代の移り変わりとともに変化していった。パティシエの主力製品がパテであったのはおそらくカレームの時代、すなわち一九世紀のはじめまでで、その後はそれほど裕福ではない層をも含む一般庶民を対象とするパティシエの店が台頭し始めるのである。それにともない、パティシエの仕事もパテのような高度な技術を必要とし手間もコストもかかる製品から、タルトやババやビスキュイ、エクレールといった手軽で大衆的なお菓子に軸足が移っていったのは当然のなりゆきだった。

このように、現代ではあたりまえのように使われているパティシエという言葉ひとつとってみても、その背後には積年にわたる文化の歴史が横たわっているのである。

アントナン・カレーム

洋菓子の発展の歴史をたどる過程で、必ず出会うことになる何人かの人物がいる。中でもこれだけは絶対に外せないという筆頭がアントナン・カレーム（本名はマリー・アントワーヌ・カレーム）だ。

カレームこそ洋菓子伝説の宝庫である。カレームを知らずして洋菓子の歴史は語れない、というのは少し大げさだが、さまざまな洋菓子伝説の陰に見え隠れするこの人物の存在を頭の片隅に入れておくだけで、そうした伝説にも別の側面が見えてくるに違いない。

本書の第二部でもその名前がしばしば登場することになるので、カレームのプロフィールについてここで簡単に紹介しておこう。

カレームの生まれた年は定かではない。一七八三年とも一七八四年ともいわれているが、文献資料によって微妙な違いがあり定まっていない。一方、死んだ年は一八三三年で、これは役所に出された死亡届が残っているので間違いようがない。

このように、生年があいまいで没年がはっきりしているのは、カレームが貧民の出身でありながらその後出世してパティシエとして、また料理人として最高の地位に昇りつめたことを反映している。つまり、生まれたときは誰も見向きもしなかったが、死んだときは世間の耳目を集めるだけの地位にあったということだ。

カレームが少年の頃にパリの街外れの路傍で父親に捨てられ、親切なギャルゴット（gargotte　安食堂）

の主人に拾われて料理の世界に足を踏み入れた、という有名な伝説は、それが事実かどうかは別として、カレームの生涯に一種神秘的な影を添えているように思える。というのも、極貧の生い立ちに起因する悲惨な前半生と功なり名をとげて栄華に包まれた後半生とがきわめてわかりやすいコントラストをなしており、この人物と常人との違いを際立たせているからだ。その意味では、カレームは確かに「奇跡」を体現した人物だった。

それはともかくとして、カレームの本質はパティシエである。俗に「王の料理人にして料理人の王」などといわれるが、それはあくまでも後世の人が勝手に考えたキャッチフレーズに過ぎない。確かに料理人としての評価も高かったし、晩年には『一九世紀フランスの料理術』という全五巻からなる料理書を出したりしているから、カレームは料理人だという主張にも一理ある。しかしそれでも、カレーム自身がパティシエであることにこだわっていたことは、さまざまな証拠から明らかである。その証拠については、追々説明しよう。

もっとも、パティシエと言っても、カレームの時代のパティシエは現代のパティシエとはいろいろな点で違っていた。すでに

アントナン・カレームの肖像。
(Les Classics de la Table, 1843)

説明したように当時のパティシエはパテやタンバルなどの料理菓子を注文に応じて作ることが主で、店頭で販売する各種のタルトやタルトレット、ブリオシュなども作ってはいたがこれはどれも見た目も地味で素朴な焼き菓子である。窯で薪《まき》を焚《た》く臭いが充満する薄暗い仕事場で朝早くから夜遅くまで地道な作業に明け暮れていた当時のパティシエを、華麗なフランス菓子が冷蔵ショーケースの中で燦然《さんぜん》と輝く現代の洋菓子店のパティシエと単純に比べることはできない。

これもまた、カレームの実像を知るための大事なポイントである。

店頭でも販売されていたタルトやブリオシュはけっして高級品ではない。しかし、こうしたお菓子でさえその日のパンにも窮する大多数の庶民にとっては高嶺の花だった。必然的にパティシエの店の顧客は比較的富裕な層に限られ、とりわけカレームが働いていたバイイのような高級店では上流階級の顧客が多かった。

このことはカレームのキャリアを考える上で非常に重要な事実である。

カレームは極貧の出自ゆえか異常ともいえるほど上昇志向が強く、しかも刻苦勉励の人であった。いわば出世のためにはどんな努力をも惜しまないモーレッツ人間だったのである。

一八世紀の終わりのパリで極貧の家庭に生まれたということは、学校に通うことはおろか文字の読み書きを学ぶ機会すらなかったことを意味している。それなのに、一八歳の頃には王立図書館に熱心に通い、あまつさえ三〇歳そこそこで本まで書いて出版しているのである。文盲があたりまえだった当時の職人のレベルからすれば、確かに常人の域をはるかに超えている。

高級パティシエのバイイの店で働くカレームは、しばしば裕福な館の饗宴に呼ばれて仕事をした。そこで彼が目にしたのは、上流社会の人びとの華麗で優雅な暮らしぶりだった。人一倍上昇志向が強く自意識の高い青年期のカレームがその光景に刺激を受けなかったはずはない。事実、カレームは単なる有名パティシエの店の一職人という地位に甘んじてはいなかった。彼の目指すところはもっとはるか上、誰からも尊敬のまなざしで見られ、瀟洒《しょうしゃ》な自邸から馬車でオペラ鑑賞に出かけても誰にも後ろ指をさされない地位だったのである。

そのために一層の努力を重ねた彼は、ついには諸外国の高官や大富豪である貴族のメートル・ドテル（宴席のいっさいを差配する料理長）の座を手に入れる。ちなみに彼がメートル・ドテルとして仕えたのは、ロシア皇帝のアレクサンドル一世やイギリス王のジョージ四世、パリのロスチャイルド男爵といった錚々《そうそう》たる面々である。

ここでカレームの本質がパティシエだったということを思い出していただきたい。

料理人として、またメートル・ドテルとして華々しい成功を収めたカレームだが、若くして（おそらく一三歳か一四歳の頃）パティシエ・バイイの店で見習いとして修業を始めた彼は、少なくともナポレオン帝政期のある時期まではもっぱらパティシエとして仕事に精を出していた。その間に彼の心と身体には、パティシエとしての知識、パティシエとしての技能が染みついていたはずである。

料理人として高い名声を得た後ですら、カレームがもっとも得意としていたのはピエス・モンテの製作だった。ピエス・モンテはパスティヤージュ（粉砂糖と卵白をペースト状に練り合わせたもので、粘土のように可塑性がある）やアーモンド・ペーストなどで作る大型の工芸菓子で、これを作るのは純粋にパティシエの仕事である。政府高官や有力貴族の催す大宴会では、ホストは招待客の目を楽しませるために必

カレームが製作した大饗宴でのピエス・モンテとパティスリーの飾り。
（Le Maître d'Hôtel Français : A. Carême, 1822）

ずパティシエにピエス・モンテを作らせた。その出来が良くて客の賞賛を集めればそれはホストにとって名誉なことだったし、逆に出来が悪ければ不評を買ってホストの不名誉となる。となれば、すばらしいピエス・モンテを作ることのできる優秀なパティシエが重用されるのは当然のなりゆきで、そこにカレームの出世の鍵もあった。そのことを十分に理解していたカレームは、だから料理人として大成した後も決してパティシエとしての自分を見失わなかった。

　自著の最初の二冊のタイトルにパティシエという言葉が含まれているのはそのためだし、『パリの料理人』と題された四番目の著作で全体の半分以上のページを甘いデザートのために割いているのもパティシエとしての自覚がそうさせたのだろう。

　カレームの本質がパティシエであり、しか

もその特質が自らが主張するように革新性*にあるのだとしたら、洋菓子の発展に対しても何らかの貢献をしたに違いないと思うのは、洋菓子の歴史に興味を持つ者にとって自然な発想である。実際に、洋菓子の由来や歴史を取り上げたさまざまな文献の中でさまざまな学者や専門家たちがさまざまな銘菓をカレームの創作であると断定している。

だが、不思議なことにその断定の多くが実は間違いなのだ。この奇妙な事実は、いったい何を意味しているのだろう?

カレームについては謎も多い。生まれた年があいまいだというのはそれを象徴しているとも言えるが、それだけでなくキャリアひとつとってみてもわかっていないことがいっぱいある。それは著作を除けばカレーム自身の手になる資料が何ひとつ残っていないせいもある。あれだけの著作を残したのだから、その原稿のもととなる自筆のメモやレシピが大量にあったはずである。が、それはただの一片すら残されていない。手紙もないし日記もない。ことカレームの生涯を追跡するための資料に関してはないないづくしである。

生きているうちからあれだけの名声を博した人物にしては、これは非常に不思議なことと言わざるを得ない。

しかし、視点を変えてみれば、資料がないからこそ名前の知られたお菓子の創作者を何でもかんでもカレームに押しつけることができたとも言える。資料がなければ証明できないかわりに検証もできない。検証できなければ誰がどんな説を繰り広げても非難される恐れはないだろう。言った者勝ちである。しかも、こんな独創的なお菓子を創作できるのは革新的な天才パティシエであったカレーム以外にありえないと主張すれば、そこにカレームの名前があるだけでそれなりに説得力を持つ。そうして根拠が薄弱なまま不確かな情報が独り歩きし始める。

そういう意味では、後世の人にとってはカレームの名前自体が都合の良いひとつの伝説なのかもしれない。

＊カレームの最初の著作である『パティシエ・ロワイヤル・パリジャン』は著者の死後の一八三四年に英訳されて『ロイヤル・パリジャン・ペストリークック』というタイトルでロンドンで出版された。その巻頭にカレームによる「読者へ」と題された短い前書きがあり、そこで彼は「本書はまったく新しいものであり、フランスの料理に一層の光を投げかけて、海外からも今後長きにわたり正当な尊敬を集めることでしょう」と書いている。しかしこの前書きはオリジナルのフランス語版にはなく、おそらくは英訳版の編者であるジョン・ポーターの手によるものと思われる。このことからカレームのレシピについては「まったく新しい」というのがカレーム自身の従来からの主張であり、一般の評価もまたそうであったことが推測できる。

洋菓子伝説の背後にあるもの

カレームが洋菓子の由来に関する伝説に一役買っていることは前述のとおりだが、洋菓子伝説の多くがこのパターンを踏襲している。すなわち権威のある名前プラス甘い嘘を好む大衆心理というパターンである。カレームという名前に惑わされて根拠のない話をやすやすと信じてしまうのは、要するに人びとがその話を信じたいと思っているからだ。

ここに信仰という要素が加われば、もう完璧である。現代でも都市伝説などという馬鹿げたホラー（あるいは、法螺《ほら》）話が大手を振って闊歩しているくらいだ。まして一九世紀以前はいたるところでさまざまな迷信が幅を利かせた時代だった。迷信は人の口から口へ語り継がれることにより俗説になる。俗説は繰り返し語られることでやがて定説となる。いったん定説になってしまえば、それを改めることはほとんど不可能に近い。

洋菓子の由来に関わる伝説の背後にも、権威付けと嘘を好む心理と信仰に基づく迷信の三点セットが、しばしば存在する。

権威付けの主役として登場するのは、もちろんカレームだけではない。イタリアからフランスに輿入れしたカトリーヌ・ド・メディシスや、ロレーヌ王のレクチンスキーもそうだし、時にはナポレオンやメッテルニッヒのような歴史上の大物も舞台に引っ張り出される。口さがない大衆にとっては、要するに有名人なら誰でもいいのである。

嘘を好む大衆心理については説明の必要はないだろう。善男善女であるとないとにかかわらず、誰でも思い当たるフシがあるに違いない。自分で嘘をつくのならともかく、他人がつく嘘は自分や自分の周りの人間に害が及ぶのでないかぎりさほど腹は立たない。ましてやはじめからそれが嘘だとわかっている場合はなおさらだ。さらにその嘘が途方もないものであればあるほど、それをかえっておもしろいと感じるのは人間誰しも持つ共通の感覚ではあるまいか。

洋菓子の伝説には、明らかに法螺話とわかるとんでもないものも少なくない。しかも困ったことに、その法螺話を真実だと思い込む純真な人もいて、むきになってそのトンデモ説を擁護するのである。その説の出どころが権威ある専門家だったりすると最悪で、その間違いを指摘しようものなら神の存在を否定する異端者と同じ扱いを受けかねない。かくして批判者は沈黙し、天真爛漫な法螺話が真実のような顔をして定説への道を突き進むのである。

そしてもうひとつ、迷信に由来する伝説、これは相当に根深いものがある。この場合その伝説は人びとの精神に溶け込んで完全に定着しているので、もはや疑う余地すら残されていない。あるいは、宗教色が薄い土着の信仰による迷信であっても、それは土地の習俗と一体になって生活の一部を形成していることが多いから、これも同様である。こうしたことを古い因習だとか無知による頑迷だと言って一蹴するのはたやすいが、信じている人にとっては自分の人格を否定されたように感じる場合もままあるので、そう簡単には改まらないのである。

洋菓子伝説ではないが、法螺話と迷信が渾然一体となったそんな例をひとつ紹介しよう。

四月一日は誰でも知っているように「エイプリル・フール」である。この日はフランスでは「ポワソン・ダヴリル（Poisson d'avril）」という。直訳すれば「四月の魚」という意味で、フランスでは紙に描いた魚の絵を仲間の背中に本人に気づかれないようそっと貼って、後ろから皆で「ポワソン・ダヴリル！」と叫んではやし立てるという風習がある。

町の菓子店のショーウインドウも、チョコレートやタルトで作られた数々の魚で満ち溢れる。

で、問題はなぜ魚なのか、である。

それにはこんな伝説が語られている。

時はルイ一三世治世下の一七世紀中頃。ロレーヌ公は王の命令により妻とともにナンシーの城に監禁されていた。

そんなある日、ロレーヌ公は城からの脱走を計画する。まだ一日が明けやらぬ暁の頃、二人は計画を実行に移した。貧しい農民の姿に身をやつしたロレーヌ公夫妻は門衛の目をまんまと欺き、城を脱け出す。

やがて夫妻の姿が消えたことに気づいた城の従士たちは一団となって二人の追跡を開始した。必死に逃げる二人。その行方をたどる追っ手たち。しかし、なんと無情なことか！　二人の行く手にはムーズ川の滔々《とうとう》たる流れが広がっていたのだ。眼前に大河の急流。背後には追跡者。

進退窮まった二人の虜囚はついに意を決して川の流れに跳びこんだ。懸命に手を掻き足を動かして泳ぐ二人。川端までやってきた追っ手たちは早暁の薄暗がりの中で遠目にその姿を認め、口々に叫んだ。

「泳いで渡っているぞ」

そのとき、日頃からロレーヌ公夫妻に同情的だった近隣の農夫たちが従士たちを諫《いさ》めるようにこう言った。

「あれが人だって？　何を言ってるんだね、あんなに上手に泳ぐのは魚に決まってるじゃないか」

こうしてロレーヌ公夫妻は無事にムーズ川を渡りきり、逃亡に成功したのだった。この日は、まさに四月一日であった。

この話は一八六二年に発行された『家族の週日』という週刊誌に掲載されたものだが、ここからわかることがいくつかある。

まず、この伝説が突拍子もない大法螺《おおぼら》だということだ。これは誰が読んでもすぐにわかる。さすがにこれを実話だと受け取る人はいないだろう。

もうひとつは、この伝説の背後に農民たちの権力者に対する反感が見てとれるということである。一七世紀は封建制の真っただ中で、王の権力は絶対だった。農民たちは王やその取り巻きの貴族たちに不満を抱いていたが、それを権力側に直接ぶつけるわけにはいかない。そんなことをすれば、たちまち捕らえられてひどい目に合わされるからである。

そこで彼らは伝説の名前を借りて鬱憤を晴らしたのではないか。王権への不満を突拍子もない法螺話のオブラートに包むことによって、たくみに官憲の目を逸らせた。そんなふうにも読める。

伝説の背後にあるものは実にさまざまで複雑である。洋菓子にまつわる伝説も、一見単純なように見えて実は奥深いものがあったりもする。そのあたりを読み解くのも洋菓子伝説の探求の楽しみのひとつである。

現代ではどうだろうか？

さすがに今の時代の洋菓子には伝説なんてものが生まれる余地はないだろう。そう思うかもしれない。しかし、実際には違う。というのも、現代では伝説が生まれる新たな要素が加わっているからだ。それを見逃してはならない。

その要素とは「インターネット」。

インターネットは確かに便利だけれども、おそろしい。嘘も真実もあっという間に世界中に拡散する。特に嘘は拡散が速い。

「パフェの日」というのをご存じだろうか？　六月二八日がその日とされるが、なぜ六月二八日なのかというと、それは次の理由による。

パフェはフランス語のパルフェ（parfait）が訛ったもので、パルフェは英語のパーフェクト、すなわち「完全な」という意味である。ここで話はなぜか突然プロ野球のことになる。一九五〇年六月二八日に日本のプロ野球史上初めて画期的な偉業が達成された。読売巨人軍の藤本英雄投手が完全試合を達成したのだ。完全試合は英語で「パーフェクト・ゲーム」という。完全という言葉をキーワードに、パーフェクトがお菓子のパフェに結びつけられて六月二八日は「パフェの日」ということになった。

まあ。そういうわけだ。

これはもちろん日本だけの話である。そして「パフェの日」なるものも業界団体等が公式に認定したものなどではない。おそらく最初は、どこかの誰かがジョークのつもりで書き込んだ軽口にすぎなかったのだろう。それが今や定説であるかのようにインターネット上を飛び交っている。「嘘から出たまこと」というけれども、これなどはさしずめその標本と言ってよさそうだ。インターネットは本当におそろしい。

ちなみに「パルフェ」という伝統菓子はフランスにはない。そのかわり「パルフェ・グラッセ」というお菓子があり、これはグラス・レジェールというアイスクリームの一種である。見た目は日本のパフェにぜんぜん似ていないけれども、とにかくこの「パルフェ・グラッセ」にヒントを得たどこかの知恵者がパフェを発明したことは確かだろう。その知恵者も自分が命名したパフェが、まさかプロ野球の完全試合に結びつけられるとは思ってもみなかったに違いない。

権威付けが生み出す伝説に関しても、もうひとつだけエピソードを紹介しておこう。

これは嘘の拡散という点で「パフェの日」と共通する要素を含んでいると言えるかもしれない。

フランスにパリ・ブレスト（Paris-Brest）というシュー菓子がある。シュー生地をリング状に絞って焼き、二枚にスライスしてプラリネ入りのクリームをサンドするという大変おいしいお菓子だが、このお菓子の誕生についてははっきりしていて「パリ・ブレスト・パリ」という自転車競技を記念してパリのパティシエが一九一〇年に創作したというのが定説である。「パリ・ブレスト・パリ」は一八九一年に始まったフランス最古の自転車競技で（ツール・ド・フランスよりも古い）、パリとブレスト間の往復一二〇〇キロでタイムを競う。四年ないし五年に一度開催され、日本からも大勢のサイクリストが参加するきわめて人気の高い大会である。これにちなんだお菓子のパリ・ブレストがリング形をしているのは、もちろん自転車の車輪を模しているわけだ。

ところが、日本ではこの由来について異説がある。このお菓子は自転車競技とは何の関係もなく、一九〇九年にパリとブレストの間に鉄道が開通したのを記念して創作されたものだ、というのである。わずか一〇〇年ほど前のことだというのに、これである。

実はこの異説には発端と思われるものがある。一九八〇年代にある雑誌でパリ・ブレストが紹介された。その記事の中で由来について、パリ・ブレストはパリとブレストの間を走る急行列車の中で創作され、それが食堂車で供されて広まった、と書かれていたのである。問題は、その文章を書いたのが著名な洋菓子研究家だったことだ。大手メディアにもしばしば露出し、パティシエ・ブームが到来する以前の洋菓子の大衆的人気を牽引する役目を果たしたその人物の書いていることだから、それを読んだ読者の大半は「へー、そうなんだ」と思って疑いもしなかっただろう。その記事には根拠となる資料や文献の類がいっさい示されていなかったのだから、それほど簡単に信じる理由もないように思えるが、権威というお墨付きがあれば証拠や根拠など必要ないという、これは見事な実例である。

幸いなことにこの異説は主流とはならなかったけれど、四半世紀以上経った今になってもパリ・ブレストの誕生由来として熾火《おきび》のように生き残ってくすぶっているのを見るにつけ、伝説というのはなんとしぶといものかと感心せずにはいられない。

第一部の冒頭で「洋菓子の歴史は記憶によって語り継がれるものなので、伝説や妄説、奇説、珍説が生み出されやすい」と書いた。それを防ぐにはその背後にある食文化史、さらには文化史を理解することが大切だというのも、すでに述べたとおりである。

この後の第二部で紹介するエピソードの数々も、一見すると他愛もない法螺話のようにしか思えないかもしれない。しかし、もっと大きな目で見つめれば、そこには間違いなく人間の営みがあり、その積み重ねがすなわち文化なのだということがなんとなく見えてくるだろう。

まずは単純におもしろがっていただきたい。それから立ち止まってその背後に潜むものに目を向ける。それが洋菓子伝説との正しい付き合い方である。

第二部

おしゃべりな洋菓子たち

第二部では日本でもよく知られた洋菓子にまつわるエピソードを、その由来や伝説にも触れながら紹介する。フランス菓子を中心にドイツ菓子やウィーン菓子、イギリス菓子とジャンルはさまざまだが、ヨーロッパは昔からそれぞれの国が地理的にも文化的にも、また政治的にも密接な関係を保ちながら発展してきたので、それぞれを厳密に分けて考えることはできないし、また分ける必要もない。あくまでも洋菓子という大きな括りで捉えていきたい。

ここで取り上げるエピソードや伝説は、大きく分けて三つのカテゴリーに分類することができる。

ひとつは、根拠となる信用できる資料があって歴史的事実であることがはっきりしているもの。

ひとつは、根拠となる資料はあるものの信ぴょう性に欠け、事実かどうかはっきりしないもの。

そしてもうひとつは、根拠となる資料がなく、単なる噂話もしくは法螺話にすぎないもの。

どのエピソードがどのカテゴリーに属するかはいちいち明記しないが、事実であれ法螺話であれそれはまぎれもなくヨーロッパの文化の一部なのだから、虚実にのみこだわって話の内容に優劣をつけるというようなことがあれば、むしろ大事なものを見落としてしまうことになるだろう。どんなに嘘っぽい話であっても、それが語られてきた時代や人びとの暮らしと重ねあわせることで別の側面が見えてくるというのは、特に洋菓子の場合にはよくあることなのだ。逆に、そうしたことがなければその話はあぶくのように一瞬で消えてしまって、何十年、何百年と語り継がれることなどなかったはずである。

馬鹿げた法螺話の中に含まれる一片の真実。それを見出すことも洋菓子の歴史を探り由来や伝説を掘り起こす醍醐味である。

歴史の探求は、タイムマシンに乗って過去の時の中を駆け巡る時間旅行に似ているかもしれない。広大な時の広野をしっかりと目を見開いて慎重に見渡し、そこに漂っているいろいろな興味深い事物を丹念に拾い上げていく。そんな地道な作業が歴史の記述には不可欠である。

もちろん洋菓子の歴史も例外ではない。

旅の途上で出会うさまざまな洋菓子の中には無口で一筋縄ではいかないものも少なくないけれど、好奇心という強力な武器を片手にじっくりと向き合っていさえすれば、やがて重い口を開いて興味深い話を語り始めてくれるものである。そのとき、寡黙だった洋菓子が突然おしゃべりになる。

あとはそのおしゃべりにじっと耳を傾けるだけ。そうすれば、洋菓子の奥深い世界がきっと見えてくるだろう。

episode

1

ガトー・デ・ロワ

Gâteau des Rois

デザートにはガトー・デ・ロワが出された。どういうわけか、この家では毎年決まってシャンタル氏が王様に選ばれる。それがこの家の暗黙のしきたりでもあるかのように、シャンタル氏がお菓子の中のフェーヴを引き当てそこなったことはなく、そしてシャンタル夫人を女王に指名するのである。だから、私がお菓子を口いっぱいに頬ばって歯が欠けるほど固いものを噛んでしまったときは本当に驚いてしまった。そっと口から出して見てみると、それは豆粒ほどの大きさの小さな陶製の人形だった。全員が私のほうを向いた。シャンタル氏が手をたたいて叫んだ。「ガストンだ。ガストンが当たった。王様万歳！　王様万歳！」

皆が一斉に合唱した。「王様万歳！」私は耳元をわけもなく赤らめて、その馬鹿げた小さな人形を指でつまんだまま呆然とその場に座っていた。シャンタル氏がさらに大声で叫んだ。「さあ、女王を選ばなくっちゃ！」

ギ・ド・モーパッサン『マドモワゼル・ペルル』（一八八六）から

エピファニー

西洋の文化には常にその中心に核のように腰をすえるひとつの原理がある。すなわちキリスト教である。ヨーロッパ文化の一年はキリスト教の祭事を軸にして回っていると言って良い。だから、当然のことながら洋菓子もキリスト教の祭事と密接に結びついているものが少なくない。

数多くあるキリスト教の行事の中で、その年最初の大きな祭事がエピファニー（Epiphany）で、これは一月六日に行なわれる。エピファニーは主顕節とか公現節とも呼ばれ、東方からやってきた三人の博士がキリストの誕生を正式に世に知らしめ、その神性を顕《あきら》かにした日とされる。

そのエピファニーにヨーロッパ中で食べられるお菓子がある。フランスではガトー・デ・ロワに代表されるお菓子がそれだ。

フランス語でガトーはお菓子を、ロワは王様をそれぞれ意味するから全体では「王様のお菓子」ということになる。なぜ王様かというと、これは本来はキリストの誕生を祝福した東方の三博士を指していた。だからRoiではなくRoisと複数になっている。しかし、後世の人にとってはそんな理屈はどうでも良い。一月六日はなぜかわからないけれど王様の日で、その日に食べるのだから王様のお菓子なのだ、ということになった。そこからガトー・デ・ロワを巡る楽しくもスリルがあってにぎやかな風習が始まった。

さて、その風習とは？

ガトー・デ・ロワには、実はちょっとした仕掛けがある。王冠をかたどったとされるリング状の形をしたお菓子の中に、ひとつだけ食べられない異物が入っているのだ。それはフェーヴと呼ばれ、たいがいは陶器でできた小さな人形だ。現代では子ども向けにアニメのキャラクターだったり、自動車や飛行機や宇宙船の形をしたものもあるようだし、昔は金持ちの家のガトー・デ・ロワには金貨や宝石が入れられていたということもあったらしいが、ともかく重要な点はひとつのガトー・デ・ロワにはフェーヴは必ずひとつだけしか入っていないということである。

エピファニーのディナーが終わるとデザートにガトー・デ・ロワが出される。それはホストによって皆の目の前で人数分に切り分けられ、その場にいる全員に配られる。当然、配られたお菓子のどれかにフェーヴが入っている。それもたったひとつだけ。誰もが期待をこめてお菓子を口にする。

皆が期待するのは、お菓子の中にフェーヴを見つけた人がその場の王様になる権利を与えられるからだ。つまり、ガトー・デ・ロワは王様を決めるための特別なお菓子なのである。もちろん、それはその夜一晩かぎりのお遊びの王様だけれども、王様は王様だ。紙製の王冠を頭に被り、椅子にふんぞり返ってその夜の主役を務める。その場にいる他の人たちは王様の命令には無条件で従う。歌えといわれたら歌わなけりゃならないし、踊れといわれたら踊らなくちゃならない。そうそう、女王を指名するのも王様に与えられた特権のひとつだ。同席者の女性の中からひとりを選んで女王にすることができる。選ばれた女性がそれを拒否することは許されない。そこで、これがちょっとした恋の駆け引きに使われることもしばしばある。だからガトー・デ・ロワの王様選びは楽しくもありスリルもあるというわけなのだ。

フェーヴが当たったのが女性の場合は、そっくりそのまま逆になる。つまりその女性が女王になり王様を選ぶ権利を与えられる。女性から好みの男性を指名できるという機会はそう頻繁にあることではないので、これはこれでまた人びとを夢中にさせる要因になっている。

この慣習はとても古いもので、紀元前の古代ローマの祭事に由来するという説がある。つまり、もともとはキリスト教独自の祭事ではなかったことになる。したがってガトー・デ・ロワの歴史もそれと同じくらい古い。もちろん最初から今のような形のガトー・デ・ロワがあったわけではなく、時代の変遷とともにさまざまなお菓子が作られ、エピファニーの祝いごとに華やかさを与えてきたのだが、それがこんなにも長い歳月を通して続いてきたのは、束の間とはいえ王になれるという庶民の幻想を満たしてくれる慣習だったからかもしれない。

フェーヴの由来

さて、ガトー・デ・ロワの中にひとつだけ潜ませて焼き上げられるフェーヴ。これにはいったいどんな意味があるのだろう？

フランス語でフェーヴ（Fève）というのはそら豆のことである。実際、はるか昔にはガトー・デ・ロワの中に入れられて王様を決めるクジの役割を果たしていたのは本物のそら豆だった。ただ、王様の日のお菓子の中から現れるのがそら豆というのではあまりに味気ない。それで貴族やブルジョワなどの金持ちはこれ見よがしにそら豆の代わりに金貨や貴金属、宝石などを入れるようになった。貧乏な庶民はそうもいかないのでせめてもの慰めに産着《うぶぎ》に包まれた幼子イエスなどをかたどった素焼きの小さな人形を入れて高価な宝石の代用にした。パティシエの店で売られるガトー・デ・ロワに陶器のフェーヴが使われるようになったのは一八七〇年代のパリでのことだと言われている。

フェーヴの説明は以上のとおりだが、これではそもそも王様を決める大事な儀式の主役にどうしてそら豆が使われたのかという説明になってないじゃないかと言われるかもしれない。もちろんこれにもちゃんとした由来がある。

時計の針を少し逆回ししてみよう。時は古代ローマ時代。農耕の神であるサトゥルヌスに捧げものをするサトゥルナーリアという祭事には宴会がつきもので、その宴会では参席者の中からひとりの王を選ぶ風習があった。王は全員による選挙で選出され、その選出のための投票に使われたのがそら豆であったというのだ。この習慣がキリスト教にも取り入れられてガトー・デ・ロワのフェーヴに引き継がれたわけである。

キリストの誕生を祝う降誕祭の締めくくりとなる一月六日のエピファニーにガトー・デ・ロワ（もしくはそれに類するお菓子）を食べてフェーヴの行方にやきもきするという習慣は現代でも根強く続いており、この時期になるとヨーロッパ中の菓子店の店頭に「王様のお菓子」が並ぶ。当然、菓子店の間で競争が起きることになるが、何しろお菓子自体はどこも似たようなものにならざるを得ないわけだから、他店との差別化を図るために有名店ではその店オリジナルのフェーヴに力を入れる。また、客もそれを目当てにお菓子を買いに来るという構図ができあがり、今やフェーヴの種類は天文学的数字にまでなっている。さらにはその膨大な数のフェーヴをひとつ残らず集めようというフェーヴマニアなる人種が登場し、その彼らを当て込んだフェーヴに関するガイドブックがつぎつぎと出版されるという状況で、文字どおり豆粒ほどのフェーヴが大きなマーケットに関わるという事態に発展しているのである。

もちろん、ここにはもはやエピファニー本来の宗教的な意味はどこを探しても見つけることなどできない。

ガレット

現代でも「王様のお菓子」はヨーロッパの国ぐにで作られているし、アメリカや日本でも盛んに作られているけれど、その中でも特に知られているのはガレット・デ・ロワではないだろうか。

ガレット・デ・ロワも厳密に言えばガトー・デ・ロワのバリエーションのひとつである。ただ、ガトー・デ・ロワが通常はクーロンヌ（王冠）と呼ばれるリング状に焼いたブリオシュなどのパンであるのに対して、ガレット・デ・ロワは薄い円盤状に焼いたフイユタージュ（パート・フイユテで作った製品。八四ページのコラム「リーフパイはパイじゃない？」を参照）である。エピファニーのお菓子と言って人びとが普通に思い浮かべるのはこちらのほうだろう。

ガレット・デ・ロワも歴史はそれなりに古い。しかし、現在のようなフイユタージュを使ったガレットになったのは比較的近年のことである。

そもそもガレットというのは円盤状に焼いたお菓子全般を指す言葉である。一八三一年に発表されたヴィクトル・ユゴーの『ノートル・ダム・ド・パリ』という小説の中に、「醗酵させたとうもろこしのガレットの物語」という挿話がある。パリ市中の石牢に入れられた年老いた女に施しをしようと地方からやってきた婦人にまつわるこの話で、婦人が小さな男の子に持たせて携えてきたのが大きなガレットであった。「醗酵させた」という表題からもわかるように、このガレットはフイユタージュではなく一種のパンである。古い時代のガレット・デ・ロワに使われていたのも、おそらくこんなガレットだったのだろう。

一九世紀半ばに刊行されたフランスの出版物には、パリの大通り沿いにガレットの店が出店され大繁盛している、というコラムがいくつも見られる。この時代のパリにはすでにパティスリーの専門店が数多く存在し、しかも中には高級店と呼べるような格調の高い菓子店も少なくなかった。そんな中で新しく登場したガレットの店は、庶民的な店構えで規模も小さく店頭のみの販売だったが、朝早くから夜中過ぎまで客の列が絶えることなく続いて莫大な売り上げを上げたという。

もともとはサン・ドニにあったが、一八四〇年代になってボンヌ・ヌーベル大通りのジムナーズ・テアトルの脇に移転してそこでも大繁盛したので、この店は「ガレット・デュ・ジムナーズの店」と呼ばれた。ジムナーズというと現在では屋内運動場（いわゆるジム）を指すが、本来は教練場のこと。ジムナーズ・テアトルは、未来の大俳優を目指すパリ中の役者の卵たちが実際の舞台に立って実践的な訓練を行なうための劇場施設だった。そこでは毎日のように無名の役者たちによる公演が行なわれ、大勢の観劇客を集めた。その客たちを目当てにサン・ドニから引っ越してきたのが「ガレット・デュ・ジムナーズの店」だった。

ここでは、大きな円盤状に焼き上げたガレットをパティシエが小さく切り分けて売っていた。パティシエは朝から晩までひたすらガレットを切り分ける作業に追われていたためムシュー・クープ・トゥジュール（いつも切っている人）と呼ばれたと、あるコラムの筆者は書いている。

一方、フイユタージュのガレット・デ・ロワは一九世紀以降に主にパリを中心とする地域で広まった。これにはおそらくピティヴィエ・フイユテ（単にピティヴィエと呼ばれることが多い）の普及が影響していると思われる。

ボンヌ・ヌーベル大通りのガレット・デュ・ジムナーズの店。簡素な店舗の前に客が群がって、奪い合うようにしてガレットを買っている。
(La grande ville: nouveau tableau de Paris, 1842)

ピティヴィエはパリから八〇キロメートルほど南に位置する都市で、お菓子のピティヴィエ・フイユテはこの街のスペシャリティである。この地方菓子の起源は、ピティヴィエ市の公式ホームページにも書かれているように今では「時の闇の中に紛れてしまっている」。

パリで知られるようになったのは一八四七年の雑誌の記事がきっかけだということだから、フイユタージュを使った現代風のガレット・デ・ロワの普及もそれ以降のことかもしれない。このガレットにはクレーム・ダマンド（アーモンド・クリーム）がガルニチュール（詰め物）として使われているのだが、一説によるとこのガルニチュールの素材となるピタ（ビタ）ー・アーモンドの官能的な風味が人びとを魅了したということも人気の背景にはあったらしい。

現代のガトー・デ・ロワにおいてはフイユタージュのガレットが主流を占めているように見えるが、最近では地方の特色を見直す機運の高まりとともに、パリの一流菓子店でもブリオシュ・タイプのガトー・デ・ロワを店頭に置くことが珍しくないという。

いずれにしても、フェーヴを巡る男と女の駆け引きは、今も昔も時代を超えて健在のようではある。

トウェルフス・ナイト

エピファニーはキリスト教の祭事だから、フランスに限らずキリスト教を国教とする国では必ず何らかの形で祝われる。その日に「王様のお菓子」を食べ、その中に潜められたそら豆で王様を選ぶという風習も、それぞれの国、それぞれの地域で共通のものである。

一七世紀のフランドル派の画家ヤーコブ・ヨルダンスはこの祭事をテーマにした作品を数多く残している。いずれも庶民の家庭の公現節の食事の場面を描いたもので、そら豆を引き当ててその夜の王様となった主の周りを一族が取り囲んで浮かれ騒いでいる情景が活き活きと描写されており、当時の公現節の様子をうかがい知ることができる。

公現節は英国ではトウェルフス・デイ（Twelfth Day）という。トウェルフスというのは「一二番目」の意味だが、なぜ一二番目かというと一月六日がキリストの生まれたとされる一二月二五日から数えて一二日目にあたるからである。もっとも、公現節のディナーとそれに付随する大騒ぎが行なわれるのは一月六

右側の紙の王冠を被った人がこの夜の王様。
風俗画を得意としたフランドル派のヤーコブ・ヨルダンスによる「豆の王」(1655年)

日ではなくその前日の夜で、これをトゥェルフス・ナイト(十二夜)という。トゥェルフス・ナイトにはトゥェルフス・ナイト・ケーキもしくはキングズ・ケーキ(King's Cake)と呼ばれるお菓子を食べ、飲んだり歌ったり踊ったりと馬鹿騒ぎをするのが決まりである。どんなに羽目をはずして浮かれ騒いでも、この夜だけは大目に見られる。もちろんお菓子にはビーン(現代風に言うとトリンケット)が隠されており、それを巡る騒動もフランスと同様だ。

トゥェルフス・ナイトは英国でもっとも人びとになじみの深い伝統的宗教行事になっていて、現在でも各地でそれぞれの地域の決まりに従った儀式が行なわれている。中世の時代から連綿と続いているこの儀式は別に格式ばったものではなく、あくまでもその夜の大騒ぎをより華やかに彩るための演出だ。

たとえば参席者はそれぞれ思い思いの仮装をし、行列を作りながら宴会場に入る。キングズ・ケーキでその夜の王(ビーン・キングと呼ばれる)と女王

（ピー・クイーンと呼ばれる）が選ばれると乾杯が行なわれ、いよいよ祝宴の始まりである。参席者の目の前ではママーという役者たちが善と悪の闘いをテーマにした寸劇を繰り広げ、一方では豊穣を願うダンスが披露されるかと思うと他方ではゲームが始まるといった具合。そのうち酔いが回るにつれ、一気に上も下も区別がつかないドンチャン騒ぎへと突入するのである。

おもしろいのは、フランスと違って英国の伝統ではトゥェルフス・ナイト・ケーキはまったく同じものが必ず二つ用意されるということだ。つまり、ひとつは王を選ぶためのお菓子でこれは男性だけが食べる。そしてもうひとつは女王を選ぶためのものでこれは女性だけに配られる。こうすることで無用な詮索や嫉妬などの対立要素を排除するわけだ。でも、これでは王や女王に選ばれた人がパートナーを指名するまでの、あのワクワクする期待と不安に満ちた時間をも参席者から奪うことになりはしないだろうか。

規律を重んじる英国式と自由を愛するフランス式。さて、あなただったらどちらを選ぶだろう？

episode 2 クレープ Crêpes

ある善良な母親が結婚式のために何日か家を空けなければならなくなった。娘を一人で置いておかなければならないので心配になった母親は、従妹に頼んで泊まりにきてもらうことにした。母親が出かけ、若い娘たちだけになると従妹が言った。

「何を食べる?」

「クレープがいいわ」

彼女たちはクレープを作り始め、焼きあがったクレープを暖炉の隅っこに置いておいた。だが、ベッドの下には盗賊の男が潜んでいた。男は手を伸ばすと二人に気づかれないようそっとクレープを盗みとり、食べてしまった。

やがてクレープがなくなっているのに気づいた二人は、それはきっと猫のせいだと思い込んだ。

「猫よ。いやな猫! あたしたちより先に食べちゃうなんて!」

二人は猫を退治しようと手近な武器を探した。従妹は薪をとろうとベッドの下を覗き込んだ。しかし、そこには人間の足が!

ポール・セビロ『クレープ泥棒』(一八八五)から

世界でもっとも有名なデザート

デザートといえば、いまさら説明するまでもなく、食事の最後に出されるお菓子や果物のことである。フランス料理のコースではチーズがデザートの範疇に含まれることもあるが、基本的にはデザートは甘いものと相場が決まっている。

デザート、フランス風に言うとデセール（dessert）は、語源的に見ても昔からディナーの最後を飾るメニューであったことは間違いない。というのは、dessert の語源となった中世フランス語の desservir の本来の意味は、供したもの（servir）を取り除く（des-）ということだからである。つまり、「食卓をきれいに片付ける」ものがデザートであったわけだ。

それはまあともかくとして、デザートなしでは食卓が片付かないということになれば、ディナーにはどうしてもデザートが付きものということになる。これはすなわち、ディナーの数だけデザートが存在することを意味している。よく知られた古典的なものから最新の素材と技術を駆使した新奇なものまで、また、ありふれたオーソドックスなものから奇を衒《てら》った意表をついたものまで、それこそ星の数ほどもあるデザートが、来る日も来る日もレストランやホテルの宴会場、果ては個人の家庭の食卓で、ディナーのフィナーレを華麗に飾っているのである。

ここで質問。

それほどまでに膨大な種類にのぼるデザートの中で、世界でもっとも有名なデザートと言ったら何だろう？

その答えはクレープ・シュゼット。

フランスや日本ではいざ知らず、アメリカで食通と呼ばれる人たちならばおそらくそう答える人が多いはずだ。もしかすると、英国でも同じ答えが返ってくるかもしれない。

きわめて単純なパンケーキであるクレープを四つ折にしてオレンジのソースに浸しただけのこのデザートが、とりわけアメリカで人気が高いのはどういうわけだろう？

その答えはいくつも考えられるが、最大の要素はやはりそのサービスの仕方にあるように思われる。クレープ・シュゼットのサービスの仕方はレストランごとにさまざまなバリエーションがあるが、基本的には次のような手順で行なわれる。

まず、サービスするテーブルのあたりの照明を落として暗くする。

次に、身なりを整えた給仕係がワゴンに載せたクレープ・シュゼットの皿をテーブルに運ぶ。

ワゴンにはオレンジ・リキュールが入れられた小さなポットも載せられており、リキュールはあらかじめ十分に温められている。

給仕係がポットのリキュールに火をつける。ゆらゆらと炎があがったポットを持った給仕は、テーブルの上のクレープにゆっくりとリキュールを注ぎ入れていく。

炎がポットからクレープに流れるように移っていき、やがてクレープ全体が幻想的な炎に包まれる。と、まあこんな具合に華麗でゴージャスな演出が目の前で繰り広げられ、特に女性の顧客は目を奪われてうっとりとしてしまうという仕掛けなのだ。

こうした見た目の華やかさはいかにもアメリカン・ドリームの国のお金持ちが好みそうな演出ではある。

さらにもうひとつ、クレープ・シュゼットがアメリカで広まった理由がある。それにはこのデザートの誕生にまつわるエピソードが関係している。

クレープ・シュゼットの最初の創作者については諸説があるようだが、その中でもっともよく知られ、もっとも信ぴょう性が高いとされているのがアンリ・シャルパンティエ説である。

アンリ・シャルパンティエは一八八〇年にニースで生まれたフランスの料理人である。ヨーロッパ各地で見習い修業を済ませた後、一九〇五年にアメリカに渡ってフランス料理のシェフとして活躍、一九六一年に死ぬまでアメリカを離れなかった。そのアンリがアメリカに行く前の一八〇〇年代終わりに、モンテ・カルロのカフェ・ド・パリでの修業中にたまたま創作したのがクレープ・シュゼットだったというのである。その誕生のいきさつについて、アンリ自身が回顧録の中で詳細に語っている。それはアンリがウェールズ王太子（後の英国王エドワード七世）の朝食でデザートを用意しているときのことだった。彼の言葉にちょっと耳を傾けてみよう。

保温鍋の前で仕事をしているときに、たまたま風味付けのためのアルコールに火が移ってしまった。私はデザートが台無しになってしまったと思った。王太子とその連れの方々は固唾を飲んで私を見守っている。どう対処すれば良いのか。味を見てみた。それはこれまでに味わったことのないすばらしいメロディを奏でていた。……王太子はフォークでクレープを食べ、残ったシロップをスプーンですくって味わった。それから、このような美味を味わわせてくれたのは何というデザートなのか、と私に尋ねた。私は、クレープ・プリンセスという名前はいかがでしょう、と答えた。……しかし、王太子はちょっとしたいたずら心からそれに反対し、同席していた女性を示した。……クレープ・プリンセスではなくクレープ・シュゼットとしたらどうだろう、と殿下は言った。こうしてこのお菓子は誕生し、洗礼を受けたのである。

誕生秘話の典型のような話である。こうした物語は一般大衆に受け入れられやすく、したがって広まるスピードも速い。しかも、これを書いたのは当のデザートを創り出した本人なのだ。定説として認められて何の不思議があるだろう?

しかし、この説には異論も少なくない。その根拠として真っ先に挙げられるのは、カフェ・ド・パリでウェールズ王太子にデザートを供したときのアンリの年齢である。

アンリ自身は回顧録にそれが彼の一六歳のときの体験だと書いている。また、一八九五年の出来事だとする資料も多く、こちらを採るとこのときアンリはわずか一四歳か一五歳だったことになる。どちらにしても、まだ見習いパティシエに過ぎなかったはずである。一流レストランとして名高いカフェ・ド・パリで英国王太子のような身分の高い賓客のかたわらに立って直接デザートを給仕したのが見習いパティシエであったというのは、やはりかなり考えにくいことだろう。なぜメートル・ドテルや給仕長など職位の高いスタッフがその任につかなかったのか。

残念ながら、この疑問にアンリ・シャルパンティエ説は誰もが納得する答えを与えてくれてはいない。もしこの異論が正しくてアンリ・シャルパンティエ説は間違いであるとするなら、自らの回顧録でクレープ・シュゼットの創作者は自分であると書いたアンリはとんだ嘘つきだということになってしまう。アメリカで料理人として名を成し、あのロックフェラー家の料理長を務めたほどの世界的に有名で偉大なシェフが、実は料理が得意なだけのただの大法螺吹きに過ぎなかったなどということが、果たしてありうるだろうか？

当時を知る人が誰もいなくなってしまった今となっては、真相は闇の中である。

ただ、これだけはアンリの名誉のために言っておこう。クレープ・シュゼットを華麗なデザートとしてアメリカの食卓に紹介し、さらにもっとも人気の高いデザートと言われるまでに普及させたのは、間違いなくアンリ・シャルパンティエの功績である。自らクレープ・シュゼットの創作者をもって任ずるアンリは、アメリカに渡った後も機会あるごとにこのデザートを披露してその伝道者としての役割を果たした。クレープ・シュゼットがフランスではなくアメリカで有名になった理由のひとつもまさにここにある。アンリの存在抜きにはこの華麗なデザートが世に出ることなどありえなかったのである。

もっとも、彼のアメリカでの成功とクレープ・シュゼットの創作者としての名声は、ある意味では両刃《もろは》の剣であったと言えるかもしれない。というのも、アメリカにおけるアンリへの熱狂的とも言える賞讃と、彼の生国であるフランスにおけるアンリに対する冷淡さとの間にはあまりにも大きなギャップが存在するからである。アンリの回顧録に書かれたクレープ・シュゼット誕生秘話に対する否定的な見解がフランスの資料に多く散見されるのも、おそらく偶然ではないのだろう。

ロンドンの高級ホテルの料理長として名を成したオーギュスト・エスコフィエも、同時代のフランスの美食家たちからはしばしば無視された。

シャルパンティエにしろエスコフィエにしろ、誇り高きフランスの地を離れて異国で富と名声を得た料理人は、やはりそれなりの代償を支払わなければならなかったということなのかもしれない。

クレープ占い

その創作者が誰であるにしろ、クレープ・シュゼットの歴史はまだ浅い。しかし、素材となったクレープ、この薄い円盤状の食べ物自体の歴史ははるか太古の昔にさかのぼる。

何しろ、小麦粉と水を主成分とするきわめてシンプルな調理である。加工食品としてももっとも原始的な形態と言えるこの食べ物の起源は、たぶん小麦粉の起源と同じくらい古いに違いない。

記録に残るもっとも古いクレープの製法は、おそらく『メナジエ・ド・パリ』に掲載されたものだろう。『メナジエ・ド・パリ』は一四世紀末に出版された家事指南書だが、当時の料理や食材についての記述が豊富で、レシピも数多く紹介されている。その中にクレープの作り方が含まれているのである。小麦粉と卵、水、塩、ワインを混ぜてバターを引いた鉄板で焼くという記述を見ると、現在の作り方とほとんど変わっていないことがわかる。おもしろいのはクレープを焼く鉄板について詳細にその仕様が書かれていることで、これもまた現在のガレティエールとかガレトワールとかクレピエールと呼ばれるクレープを焼くための専用の鉄板そのままである。こんなところからも、クレープは古い食べ物でありながら何百年の時を経てその製法と形態がほとんど変化していないことが見てとれるのである。

さて、古いものには独自の風習が付きものである。クレープもやはりその例に漏れない。というより、クレープはさまざまな地域でその地域特有の習俗とともに時の流れを刻んできた、風習の宝庫とも言うべき食べ物なのである。

たとえば、そば粉のクレープ（ガレットとも呼ばれる）で知られるブルターニュ地方のウェサン島ではかつてこんな風習があった。

若者が若い娘の親の家に結婚の申し込みに行くとき、娘はクレープを焼いて戸棚の中に入れ、鍵をかけておく。若者は娘の父親に結婚を許してくれるよう願い出る。そこで母親が戸棚の鍵を開けてクレープを食卓に並べれば、それは結婚が認められたことを意味しており、家族全員で祝宴が始まる。もしも戸棚の鍵が閉められたままなら、この結婚は許されなかったということである。若い二人は諦めるより他はない。

また、ブルターニュの別の地方では、新婚の花嫁が夫の家族が先祖代々住む家に嫁入りして初めて焼いたクレープを古くからある戸棚のてっぺんに放り上げるという習慣があったという。こうすることでその家の祖先を敬い、自分たちに繁栄をもたらしてくれるよう願ったのである。

こうした風習は、中世以降の時代になってキリスト教の行事と結びつくようになると、さらに顕著となる。キリスト教の祭事で二月二日は「聖母マリアの清めの日」である。これはキリストが誕生して四〇日目に聖母マリアがキリストをともなって寺院を訪れ、司祭により出産の穢《けが》れを清めてもらった日とされている。この日は一名キャンドルマス（フランス語ではシャンドルール）と呼ばれ、たくさんのろうそくを灯して祈りを捧げる。

フランスのシャンドルールに欠かせないのがクレープである。なぜクレープがシャンドルールと結びついたのか、その起源については定かではないが、一説によるとクレープの形が聖なる光輪を連想させ、またろうそくの炎の明るさを象徴しているからだという。まあ、理由はともあれ、シャンドルールはクレープの日とされ、フランスやベルギーの家庭では二月二日の夜になると家中のろうそくに明かりを灯してクレープを食べるのである。

シャンドルールのクレープにも古くから各地に伝わるいろいろな風習や迷信があるが、どれも家族の繁栄や作物の豊穣に関係しているという点で共通している。これが聖母マリアの清めとどうつながっているのか不思議に思う人もいるかもしれないが、その疑問はもっともである。聖母マリアの清めとクレープにまつわる迷信との間には、実はなんの関係もない。キリスト教はその布教の過程で、各地にもともと根付いていた土着の信仰と折り合いをつけるために、その信仰に基づく風習を進んで取り入れてきた。クレープにまつわる習慣もそうした土着信仰の名残であり、もともとキリスト教の祭事にちなむものではなかったのである。

二月から三月にかけての季節は冬と春との境目にあたる。動物たちは長い冬眠から目覚めて巣穴から這い出してくる。それを見て昔の農民たちは春の訪れを予感するのである。アメリカやカナダでは二月二日は「グラウンドホッグの日」と呼ばれるが、これはグラウンドホッグ（リスの一種）が二月二日に巣穴から這い出したとき、よく晴れていると地面に映った自分の影に驚いて巣穴に戻ってしまう、したがって春はまだしばらくこない、というヨーロッパ各地に古くから伝わる言い伝えに基づく行事である。こうした行事とシャンドルールのクレープに関わる迷信との間には、農事を共通項とした密接な関係がある。どちらも、豊穣と繁栄を約束する春の到来を占う目安とされているからである。

シャンドルールとクレープにまつわる言い伝えのいくつかを紹介してみよう。

・シャンドルールに焼いた最初のクレープを戸棚に入れておくと、その年は豊作になる。
・シャンドルールに焼いた最初のクレープを戸棚のてっぺんに置いておくと、そのクレープにはカビが生えることはなく、苦難と貧困から守ってくれる。
・シャンドルールの日には、農夫たちは彼らが育てている小麦が虫に喰われないよう、家族揃ってクレープを食べる。
・シャンドルールの日にクレープを食べた人は、その年はお金に困らない。
・シャンドルールの日には雌鶏にクレープを食べさせよ。そうすればその雌鶏は卵をたくさん産む。

まだまだいくらでもあるが、このへんにしておこう。シャンドルールのクレープに寄せられた豊穣と繁栄への庶民の願いがこれだけで十分に伝わってくるではないか。

こうした風俗は現代のフランスでも根強く残っていて、二月二日にはフランス中がクレープ一辺倒になる。昔の迷信をそのまま信じている人はさすがにいないだろうし、現在のシャンドルールのクレープはむしろ一種の娯楽、人びとが日常生活を楽しむためのゲームのようなものになってしまっている。しかし、それでもなお、信じるか信じないかは別として、多くのフランス人がシャンドルールに昔ながらのやり方でクレープを焼き、その結果に一喜一憂しているのだ。

昔ながらのやり方というのは、つまりこんな具合である。

火にかけたフライパンにクレープの生地を薄く流し、焼き始める。生地の表面がブツブツと泡立ってきたらひっくり返して裏面を焼くのだが、このときにしなければならないことがある。右手で金貨を握りながら焼き、左手でフライパンの柄を持ってクレープを空中に放り投げるようにして一回転させるのである。ひっくり返ったクレープをうまくフライパンで受け止めることができれば、その年にやることはすべてうまくいく。受け止めそこなってクレープを床に落としてしまったら、反対の結果になるというわけだ。

この風習をネタにしたおもしろい笑い話がある。

それは一八一二年二月二日のこと。皇帝ナポレオンは特に迷信深い性格ではなかったが、ほんのちょっとした好奇心から庶民たちの習慣に倣《なら》ってクレープを焼いてみようと思い立った。側近のネイ将軍が見守る中、ナポレオンは自らフライパンを持ち、右手には自らの肖像が刻印された金貨を握りしめてクレープを焼き始めた。いよいよひっくり返す段になって不慣れな手つきでフライパンを操った。成功！　気を良くしたナポレオンはさらにクレープを焼き続ける。二枚目。成功。三枚目。成功。四枚目。これまた成功。しかし五枚目のクレープは無情にもナポレオンが差し出したフライパンを逸れて床に落ちてしまった。ナポレオンは少しがっかりしたが、それきりそのことは忘れてしまった。その年の戦役も連戦連勝。勢いに乗ったナポレオンはついにロシアを攻略せんとモスクワに向かって進撃を開始した。しかし、敵はロシア軍だけではなかった。折から冬の時期を迎え、襲い来る雪嵐が極寒に不慣れなナポレオン軍の足を止めた。行軍の途上で行き倒れになる兵士も数多く、ついにナポレオンは退却を決断せざるを得なかった。初めての敗戦、それも大惨敗である。凍てつくロシアの大地を遠くに見つめながら、憔悴しきったナポレオンはかたわらのネイ将軍に向かって放心したようにつぶやいた。「これが私の五枚目のクレープだ」

ついでにワッフルのこと

クレープはフライパンなどの平たい鉄板の上で焼くから、英国ではパンケーキという。パンケーキはクレープに限らず鉄板を使って生地を焼くお菓子全般に使われる言葉である。英国にはクランピットやパイクレットなどのよく知られたパンケーキがあるが、ワッフルもそのひとつである。もっとも、ワッフルを焼く鉄板は平らではなく網目状の模様が入っている。語源的にはウェハースやゴーフルと一緒なので、これもまた非常に古くからある食べ物である。

ワッフルについてもいろいろとエピソードがあるが、ここではフランスのシャンドルールのクレープとの関係で簡単に紹介してみよう。

キリスト教の暦に「告解の火曜日」という日がある。これは復活祭前の四〇日間にわたって実施される四旬節が始まる前日にあたり、英国などでは「パンケーキの日」とも呼ばれている。なぜそんな呼び方をされているかというと、この日には皆が揃ってパンケーキを食べるからである。このパンケーキをシュロブケーキという。何となくシャンドルールのクレープを連想させるが、成り立ちは少し違う。告解の火曜日にパンケーキを食べる習慣は一一世紀頃に始まったとされているが、この日は四旬節の始まる前日であり、すなわち謝肉祭の最終日でもある。四旬節の期間中は人びとは厳格な断食を強いられる。その最初の日が「灰の水曜日」と呼ばれるのは、これから始まる長くてつらい節制の期間への人びとの諦めにも似た切ない心情が反映されているからだ。その前日である火曜日は、したがって当然のことながら肉やらバタ

「謝肉祭と四旬節の闘い」(部分)。このようなテーマが絵画に描かれるほど、当時の人びとにとって断食を強いられる四旬節の負担は大きかった。ごく普通の町の情景だが、よく見ると謝肉祭で踊り浮かれ、飽食に身を任せる人びとと、つつましく信仰深い貧者たちの節制している姿が対比的に描かれているのがわかる。
井戸の左側では年老いた女がせっせとワッフルを焼いている。その左下のテーブルには焼き上げられたワッフルが他のお菓子と一緒に積み重ねられ、これが謝肉祭の側に属するものであることが暗示されている。
(ピーテル・ブリューゲル〔父〕、1559年)

ーやら牛乳を使ったリッチな食べ物を心ゆくまで食べることのできる四旬節前最後の機会である。というわけで、人びとはそうしたリッチな食べ物の象徴としてパンケーキを焼いて食べるのである。このパンケーキにはもちろんバターや牛乳がたっぷりと入れられている。

昔のヨーロッパ、特にフランドル地方ではシュロブケーキとしてワッフルが用いられることも多かった。

ピーテル・ブリューゲルの有名な絵画「謝肉祭と四旬節の闘い」をよく見れば、画面中央左の謝肉祭の陣営にワッフルを焼いている女の姿があることに気づくだろう。同じフランドルの画家であるピーテル・アールツェンにも告解の火曜日をテーマ

納屋の農夫たち。告解の火曜日をテーマにしているとされる農民の宴会風景。右側のテーブル脇の台の上に置かれている四角い紙のようなものがワッフル。
（ピーテル・アールツェン、1560年頃）

にした作品があり、ここでもやはりワッフルが描かれている。

パンケーキの日には学校などでパンケーキ競争が行なわれる。走者はパンケーキを入れたフライパンを持ったまま走り、空のフライパンを持った次の走者に引き継ぐときにパンケーキをフライパンからフライパンへとトスするというユニークな競技である。この競技の起源として、一四四五年の英国のオルネイでパンケーキを焼くのに忙しいある主婦が、告解に誘《いざな》う教会の鐘の音に慌てて焼きかけのフライパンを持ったまま走っていったところから始まったとする説がある。まあ、これはよくある俗説のひとつと言うべきだろう。

ちなみに告解の火曜日はフランスでは「マルディ・グラ（太った火曜日）」と呼ばれ、かつてはあたりはばからず暴飲暴食にふける日だった。この慣習はやがて北米大陸のニューオリンズなどフランスの入植地だった地域に持ち込まれ、今では宗教色のまったくない華やかなパレードが繰り広げられる日として世界中から観光客を集めるイベントになっているのは周知のとおりである。

「告解の火曜日」すなわち「パンケーキの日」は年ごとに変わる移動祝祭日。キリスト教徒であろうがなかろうが、ワッフルを食べて古《いにしえ》の風習に思いを馳せるのも、また一興ではないだろうか。

column

ハチの巣？　それともクモの巣？

ワッフルという言葉も調べてみるとけっこう奥が深い。

英語のWaffleを辞書で引くと「小麦粉、牛乳、鶏卵などを混ぜ合わせて焼いた網目模様のあるケーキ」というごく普通の説明に添えて【オランダ語「ハチの巣」の意】と語源に関する但し書きがある（研究社、新英和中辞典第七版）。そうか、あの表面の模様ってミツバチの巣を表しているんだ、と納得しつつもう少し探ってみる。

Waffleのもとになったオランダ語というのはWafelで、そのまた大もとは中世ドイツ語のWabila。wafelもwabilaもハチの巣（Honey comb）という意味であり、前述の英和辞書の記述と一致する。Wabilaというドイツ語はその後北フランスに入り、Waufreとなった。Waufreは南フランスではGaufreとなって、これは言うまでもなく「ゴーフル」のことである。つまり、ワッフルという英語はフランス語のゴーフルと密接な関係にあることになる。

ためしに、古いフランス語の辞書でGaufreを引いてみよう。すると、お菓子のゴーフルのほかに「Rayon de miel（ラヨン・ド・ミエル）」という定義が書かれている。Rayonは養蜂で使う巣板のことだ。養蜂場で作業する養蜂家がハチミツを採取するために巣箱の中から板状のものを取り出す場面をテレビなどで見たことがある人も多いだろうが、この板状のものが巣板である。そう言われてみると、これがお菓子のワッフルの語源になったという説明にも何となく得心がいくような気がする。

　一方、オランダ語のWafelのもとになったWabilaはさらにイギリスに渡ってWaferとなった。これはすなわち「ウェハース」のことである。こうしてワッフルとゴーフル、ウェハースの三つのお菓子は互いにつながっていることがわかった。

　さて、Waffleと語源的に関係のある英語にWeaveという単語がある。「織物を織る」という意味の動詞だが、この単語には「クモの巣を張る」という別の意味もある。というより、クモの巣を張るという意味がまず先にあって、その連想から織物を織るという意味が派生したらしい。そうと知ってWaffleの先祖である古ドイツ語のWabilaを辞書で調べてみると、Honeycomb（ハチの巣）と並んでちゃんとWebという意味も載っているではないか。Webはもちろん「クモの巣」だ。ワッフル＝ハチの巣＝クモの巣。わかったようなわからないような関係である。

　共通するのは網目模様。だとすると、お菓子のワッフルもゴーフルもウェハースも、その名前の由来は表面の網目模様からきているのだとするのが妥当のように思える。こうしたお菓子は本来は二枚の鉄製の型に挟んで焼き上げるごくごく薄いお菓子である。その鉄の型にはさまざまな文様が刻まれており、その文様を中世の粋人たちがハチの巣に見立てたのであろう。確かにクモの巣と言われればそう見えなくもないが、『アカデミー・フランス語辞典』の一六九四年版の次のような記述から見ても、ここはやはりハチの巣説に軍配を上げておこう。

GAUFFRE : Rayon de miel. On nous a servi du miel dans les gauffres.

（ゴーフル：巣板。巣板の中のハチミツを供する）

Rayon de mielというのは先にも書いたように養蜂に用いる巣板のことで、ミツバチがせっせと作るハチミツが溜められていくところである。On nous以下の「巣板の中のハチミツを供する」という用例をハチミツに浸して食べた当時のゴーフルの食べ方に重ねて考えるならば、このシンプルなお菓子を巣板に見立てた昔の人びとのイマジネーションも実にすんなりと腑に落ちる。

ワッフルについてもうひとつ。

ベルギーで世界的に知られるお菓子といえば、ベルギー・ワッフルをその代表格に挙げてもまずは異論がないだろう。世界中にワッフルの種類は星の数ほどあれど、ベルギー・ワッフルほど津々浦々にまで知れわたったワッフルはない。

もっとも、ベルギー・ワッフルは、実はベルギーで生まれたものではない。作られたのは確かにベルギーなのだが、ベルギーではベルギー・ワッフルは「ブリュッセル・ワッフル」と呼ばれていた。これがベルギー・ワッフルに改名されたのは一九六四年、アメリカのニューヨークでのことである。

第二次世界大戦後に開いたレストランで「ブリュッセル・ワッフル」を出し大成功を収めたベルギー人のモーリス・ベルメルシュは、余勢を駆ってアメリカに進出しようと考えた。そこで彼は、一九六四年開催のニューヨーク万国博覧会の会場内に設けられたベルギー村にブリュッセル・ワッフルの店を出店したのである。しかし予想に反して客足はなかなか伸びなかった。と言うのも、当時のアメリカではブリュッセルという都市は知名度が低く「ブリュッセル・ワッフル」という名前もいまいちインパクトが弱かったからである。それに気づいたベルメルシュは一計を案じ、菓名を「ベルギー・ワッフル（Belgian Waffle)」に変更した。これが見事に当たった。ベルギー・ワッフルはたちまちのうちに評判となり、やがて世界中に広まって国際的な定番菓子となったのである。

episode

3 アップルパイ

Apple Pie

それは、砂糖が砂糖の性質を放棄し、バターがバターであることをやめ、それぞれの香り豊かなスパイスが自ら進んでその本性を消滅させた上にできあがる栄光に満ちた統合物であり、それぞれの素材がその共通の死を通して「アップルパイ」という新しい生命へと昇華することなのである！

りんごはもはやりんごではない！ それもやはり姿を変える。

そうしてできあがったパイは、りんごと砂糖、バター、ナツメグ、シナモン、レモンから生まれたものであるにもかかわらず、そのどれとも似通っておらず、それらすべてが理想的に組み合わさり、洗練され、純化され、そして火を通すことによって調理されたこの上ない完璧なよろこびなのである。

H・W・ビーチャー『アップルパイ』（一八六二）から

アップルパイはアメリカ人の魂？

アメリカ人というのは、まったくもって変な人びとである。何でもかんでもアメリカが一番じゃないと気がすまないらしい。たとえば、ニューヨーク・チーズケーキというお菓子があるが、アメリカ人の誰もがこれこそ世界で一番おいしいチーズケーキであると何のためらいもなく主張する。そればかりか、ニューヨーク・チーズケーキは世界で最初に作られたチーズケーキであると頑強に言い張るのである。これはもちろん正しくない。ニューヨーク・チーズケーキがデザートの世界にデビューを飾ったのは一九二九年、今からわずか九〇年ほど前のことに過ぎない。しかも、これはもともとイタリアでリコッタ・チーズを使って作られていたお菓子を、イタリア系移民のアーノルド・ルーベンがアレンジして、自らが経営するニューヨークのレストランで提供し始めたものであり、そのルーツはイタリアである。これほどまでにはっきりした出自があるにもかかわらず、不屈の精神に満ちたアメリカ人はけっしてめげたりはしない。なおもこう主張するのである。

「確かにニューヨーク・チーズケーキ以前にもチーズケーキと称するものはあったかもしれない。でも、それは本物のチーズケーキじゃないのさ」

こんな例は他にもいくらでもある。アップルパイなんかもさしずめその典型的な一例と言えるだろう。アップルパイこそ「アメリカ人のアメリカ人によるアメリカ人のための」お菓子であると思い込んでいるアメリカ人は少なくない。というより、そう確信しているアメリカ人がほとんどではないだろうか。もちろんこれも正しくはないのだが、たとえ黒であっても、アメリカ人が白だと言えばそれは白なのである。
事実、アップルパイは多くのアメリカ人にとって単なるお菓子ではない。それは言ってみれば「心のふるさと」とも言うべき「魂のお菓子」なのである。
一九世紀のアメリカの有名な詩人であるユージン・フィールドの「アップルパイとチーズ」という作品の中にこんな一節がある。

わが妻ジュリアが作ってくれたパイは
記憶の歯車を回して
あの懐かしいグリーン・マウンテンの日々へと連れて行ってくれる
そこには窓辺に身をもたせかけている母がいて
私と弟がずっとおとなしくしていられるように
パイを手渡してくれたものだった
その思い出がとてもすばらしいので
私はこう言う
「ジュリア、よかったらもう一皿くれないか
あのアップルパイとチーズを」

アップルパイはアメリカでは母親が子どもたちのために手作りする、いわば家庭の味である。それぞれ

の家にはそれぞれのアップルパイがあり、味もそれぞれ微妙に違っている。要するに、アメリカ人の幼き日の甘く温もりに満ちた母の記憶を呼び覚ましてくれるお菓子、それがアップルパイなのである。アメリカには「アップルパイと同じくらいアメリカ的（as American as Apple pie）」という言い回しがあるし、第二次世界大戦中には軍属の男性および女性に対して、報道記者から「何のために戦うのか？」と訊かれたら、「母とアップルパイのために（for mom and apple pie）」と答えるよう上層部から指示があったとか。まあ、これなどは後から作られた作り話の類だろうけれども、こうした話がまことしやかに伝えられるほどにアメリカ人とアップルパイは精神的に強く結ばれているということなのだろう。

ところで、アメリカで五月一三日は「アップルパイの日」である。これはどこの誰とも知れぬ人が勝手に決めた記念日などではない。れっきとしたナショナル・ホリデイ、すなわち国の祝日である。嘘だと思うならば「National Apple Pie Day」というキーワードでインターネットで検索してみると良い。無数にヒットするはずである。

もっとも、これを聞いて、アメリカ人のアップルパイ好きはそこまで徹底しているのか、と感心するのは的外れというべきだろう。なぜなら、これもまたアメリカ人の変なところのひとつなのだが、彼らは基本的にお祭り大好き人種だからである。しかも、冗談大好き人種でもある。アメリカ合衆国の祝日は公式には独立記念日や感謝祭など年に一〇日ほどなのだが、それ以外にもなんだかんだと理由をつけて無数の祝日が設けられているのだ。たとえば「フード・ホリデイ」と称してさまざまな食べ物に関する祝日が制定されており、これがなんと一月二日の「シュークリームの日」に始まって一二月三〇日の「炭酸ソーダの日」に至るまで、一年間のほぼ毎日を埋めつくしている。しかもその根拠はというと、ほとんどの食品の祝日においてきわめてあいまいであるというところがいかにもアメリカらしい。五月一三日は確かに「アップルパイの日」なのだけれども、なぜ「アップルパイの日」が五月一三日でなくてはならないのか、その理由を合理的に説明できる人はアメリカ中のどこを探してもいないのである。そのくせ、五月一三日になると当然のようにアップルパイで盛り上がる。まことに不可思議としか言いようがない。どう見ても変である。

そう、何度でも言うが、アメリカ人というのはまったくもって変な人びとなのだ。

アップルパイのふるさと

お国自慢のアメリカ人たちがどう主張しようとも、アップルパイは残念ながらアメリカで生まれたものではない。

りんごは、旧約聖書のアダムとイヴの話を持ち出すまでもなく、古代より人びとに親しまれてきた果物であり、それを材料に使ったお菓子もまた、昔から世界中の各地で作られてきた。それをパイの形にしたのは当然のことながら英国の人びとである。まあ、パイの話は始めるとキリがないので別の機会に譲るとして、アップルパイが英国の文献に現れるもっとも古い記述は一三八一年のジェフリー・チョーサーの『カンタベリー物語』にさかのぼると、さまざまな資料が明言している。しかし、奇妙なことに『カンタベリー物語』のどこを探してもアップルパイに関する記述は見当たらない。これもまた、数多くある「洋菓子の起源伝説」のひとつなのだろう。

はっきりした確証をもってアップルパイのレシピが書かれた最古の文献と言い得るのは、『カンタベリー物語』とほぼ同時代に世に出た料理書の『フォーム・オブ・キュリー』で、ここに「FOR TO MAKE TARTYS IN APPLIS（りんごのタートの作り方）」と題されたお菓子の作り方が記載されている。ちょっと紹介してみよう。

良質のりんごと良質のスパイス、いちじく、レーズン、梨を用いてサフランできれいに色付けをし、パイ・ケースに詰めて十分に焼く。

ここでおもしろいのはパイ・ケースに当たる単語が「cofyn」となっていることで、「cofyn」は「coffin」の古語、すなわち棺桶のことである。言いえて妙というか、昔の人の言葉のつかい方には本当に感心させられる。

それはともかく、ここで紹介したアップルパイはまだ中世の名残を色濃く留めたものだ。それから二〇〇年ほど経た一五九〇年には、劇作家のロバート・グリーンが『アルカディア』という作品の中で登場人物の一人に「汝の吐く息はアップルパイから立ち昇る湯気のごとし」というセリフを言わせており、この頃までにはほぼ現代と同じようなアップルパイができあがっていたらしい。もとよりこれは王や貴族の食卓にのせるために宮廷料理人が腕によりをかけて作るようなものではなく、あくまでも家庭料理の範疇に属するもので、その意味では基本的に庶民の食べ物である。英国の伝統ではアップルパイと一緒にチーズを食べる習慣があり、先のユージン・フィールドの詩もそうした英国の風習を引き継いだ古き良きアメリ

ケイト・グリナウェイの『アップルパイ』からEのページ。“E EAT IT（それを食べる）”

カの家庭の風景などを思い浮かべながら読むといっそう味わいが深まるかもしれない。

　アップルパイが英国庶民の暮らしに密着した食べ物であったことを示す格好の事例をここでひとつ紹介しよう。

　花言葉を世に広めたことでも知られるイギリスの絵本作家ケイト・グリーナウェイの一八八六年の著書にその名もズバリ『アップルパイ』というタイトルの本がある。これは『マザー・グース』に収録された言葉遊びを利用した幼児歌（ナーサリー・ライム）を絵本にしたもので、大きなアップルパイを巡る子どもたちの行動を通してAからZまでのアルファベットを幼児に教えようという趣旨のもとに書かれている。「A APPLE PIE」から始まって、「B BITE IT（それをかじる）」、「C CUT IT（それを切る）」というぐあいに続いていく。こんなふうに幼児向けの教材としてアップルパイが選ばれたというのも、やはりアップルパイがそれだけ身近で大人だけでなく子どもにも親しみやすい素材であった何よりの証拠と言って良いだろう。

アップルパイの仲間たち

先にも書いたように、りんごを使った洋菓子は世界中にある。フランスにも「タルト・オ・ポム」というお菓子があり、これなどは英国やアメリカのアップルパイの直系の親族と言って良いだろう。

形はやや違うけれどもショーソン・オ・ポムもアップルパイの仲間に加えて良さそうだ。ショーソンというのは室内用の履物、すなわちスリッパのことだが、これは半円形の形から名付けられたものらしい。このお菓子も古くから知られており、古典的なフランス菓子である。ヴィクトル・ユゴーの代表作である『レ・ミゼラブル』では、このショーソン・オ・ポムが非常に印象的な使われ方をしている。

それは浮浪児のガブロシュが最後の闘いに赴くために共和主義者たちが築いているバリケードに向かってポン・ト・シュー街を歩いている場面である。片手にピストルを持ち、通りを歩くガブロシュはやがて一軒の菓子店の前にさしかかる。先行きのわからない身でもう一度ショーソン・オ・ポムを食べる機会を与えられたのは天の恵みと、ポケットを探ってみるが一スーの持ち合わせもない。彼は思わず叫ばずにはいられない。助けてくれ！　ガブロシュは渋々ショーソン・オ・ポムを諦めてふたたび通りを歩き始める。そしてバリケードでの戦闘に参加し、その数日後に銃弾を受けて一二年の生涯を閉じるのである。

この場面の時代設定は一八三二年六月。そこに登場するお菓子がそれよりずっと以前から存在していたことは言うまでもないだろう。ショーソン・オ・ポムは現在のフランスの菓子店でも普通に売られている。

まことに息の長いお菓子である。

ドイツに行くと、アプフェル・イム・シュラフロックという、これも古典的なりんごのお菓子がある。アプフェルはドイツ語でりんごのこと。そんなことは言われなくてもわかってるよ、と叱られそうだが、ではシュラフロックというのは？　これはパジャマなどの上に着る部屋着、つまりドレッシング・ガウンのことだ。なぜそんな名前がついているのかは、実際にこのお菓子を作ってみるとわかる。ドイツ菓子らしくきわめてシンプルなレシピである。

まずブレッタータイク（フランス菓子でいうパート・フイユテ）を薄く伸して正方形にカットする。りんごの皮をむき芯を抜いて正方形のブレッタータイクの中央に置く。芯を抜いた後の空洞にバターと砂糖、レーズン、りんごジャム、ワインを混ぜ合わせた詰め物を詰める。ブレッタータイクの四つの角を持ち上げてりんごを包み、てっぺんの合わせ目に小さな円盤状に切り抜いたブレッタータイクを被せて接着する。オーブンで焼く。

もうおわかりのことと思う。りんごを丸ごとブレッタータイクで包み込むその姿がまるでりんごにシュラフロックを着せたようだ、というのでこの名前がつけられたわけだ。無骨で飾りけのないドイツ菓子にしてはなかなかお洒落な命名ではあるまいか。

さて、ここまできたらウィーンの銘菓も取り上げないわけにはいかないだろう。ウィーン菓子でりんごを使ったものと言えば、まず忘れてならないのはアプフェルシュトルーデルである。

ヘミングウェイは短編『クロスカントリー・スノー』の中で登場人物の一人に「お望みでしたらアプフェルシュトルーデルがありますけど」と言わせている。また、映画『G・I・ブルース』の中では兵役で

アプフェルシュトルーデル（上）とバクラヴァ（下）。
（上：Wiener Apfelstrudel/Burkhard Mücke/Wikimedia Commons）

ウィーンに駐屯しているプレスリーが「デザートにはおいしいアプフェルシュトルーデルだ」と同僚に語りかけている。ヘミングウェイの小説なんか読んだことないしプレスリーの映画にも興味がないという人からは「それがどうした?」と言われそうだが、とにかくそれくらいポピュラーなウィーン菓子なのである。

もっとも、アプフェルシュトルーデルをアップルパイの仲間と言ってしまうのは、いささか無理があるかもしれない。というのも、りんごの詰め物を包むアプフェルシュトルーデルの生地はごく薄くパリパリした食感で、アップルパイのパイ皮とは別物だからである。

オーストリア圏におけるアプフェルシュトルーデルを含むシュトルーデルの歴史もかなり古く、さらにその発展と普及の背後にはハプスブルグ家の栄光の日々が存在するという実に由緒正しい食べ物でもある。ウィーンの市立図書館には一六九六年に作成されたという手書きのレシピが保存されているという。さらに、その歴史をさかのぼってみると、一四世紀から一八世紀にかけてトルコを中心に地中海沿岸領域を支配して勢力を誇ったオスマン帝国にも関連が及ぶというから話は壮大である。

中東のアラブ諸国にバクラヴァという郷土菓子がある。薄いパリパリした生地を層状に重ねてその間にハチミツで絡めた刻みナッツがいっぱいに詰まっており、濃厚と言って良いほど甘い。このバクラヴァは、現在ではアラブ諸国の広い範囲に広まってさまざまなバリエーションを生み出しているが、もともとはオスマン帝国のもとで生まれたものでトルコがその発祥の地である。

オスマン帝国は一六世紀には東ヨーロッパに進出、幾多の激戦を経てハンガリーの南部と東部を征服する。このとき北部と西部を支配していたのがオーストリアを本拠とするハプスブルグ家で、これ以降、オスマン帝国のイスラム勢力とハプスブルグ家のキリスト教勢力はハンガリーを分割統治しながら一五〇年近くにわたって互いに激しく争うことになる。

戦争は言うまでもなく略奪と破壊という負の面を持っているのだが、一方で異なる文化の交流を促すという側面を併せ持っていることも忘れてはならない。イスラム勢力に対抗するためにヨーロッパのキリスト教勢力が送り出した十字軍がアラブの優れた文化をヨーロッパに持ち帰ったように、ハプスブルグ家もオスマン帝国との長年に及ぶ係争の中で多少なりともアラブ文化の影響を受けずにはいられなかった。特に、おいしい食べ物を目の前にしては敵も味方もない。国境など存在しないも同然である。

こうして戦争のおかげでバクラヴァはトルコからハンガリーを経由してウィーンに伝わり、これがハプスブルグ家の優秀な料理人たちの手によってシュトルーデルへと変貌を遂げたというわけだった。

たかが洋菓子というなかれ。その背後にはかくもスケールが大きく波乱に満ちた歴史が存在することだってあるのである。

column

リーフパイはパイじゃない？

昭和の初期に彗星のように現れてほんの束の間光り輝いた後、流れ星のように消えていった女流作家尾崎翠。その尾崎翠の代表作に「アップルパイの午後」という戯曲がある。内容についてはここでは触れないが、注目すべきはこの作品が昭和四年に発表されたものであるということだ。これはつまり、アップルパイが昭和の初期にはすでに（少なくとも東京あたりの大都市では）人びとに馴染みのある洋菓子として知られていたことを示している。ということは、パイという言葉もその頃にはある程度一般的になっていたとみて間違いないだろう。

アップルパイ以外にもパイの名前で売られてきた洋菓子はいろいろとある。レモンパイやミートパイなどなど。その中で、リーフパイという木の葉の形をした小菓子は少し特異な存在である。なぜ特異なのかというと、ひとつにはこれが日本独自のお菓子であり、さらにはパイという言葉の使い方自体も日本独自のものだからだ。

アップルパイそのものはもちろん日本独自のお菓子ではない。スタイルこそ日本風にアレンジされているものの、その原型となるものはイギリスに中世の時代からあった。

しかし、リーフパイなるパイは、少なくとも木の葉形の飾りがついた通常のパイを除いては、欧米のどの時代のどんな料理書や製菓書をひもといても出てこない。通常のパイというのはパイ生地で作ったケースの中にさまざまな詰め物を詰めて焼いたお菓子および料理のジャンルを指し、生地を成形して焼いただけの単品をパイと呼ぶことはないのである。

であるならば、なぜ日本ではリーフパイにパイという名前がつけられたのだろう？

たぶん、予想される答えとしては「パイ生地で作られているから」というものではないだろうか。ここでさらなる疑問。

リーフパイは本当にパイ生地で作られているのだろうか？

この疑問に答えるためには「パイ生地とは何か」というしごく基本的な問題に立ち返る必要がある。

アメリカではパイ生地をパイ・ドー（pie dough）という。イギリスではショート・ペースト（short paste）である。呼び方は上記以外にもいろいろあるが、基本的には小麦粉に油脂と水分を加えて練りペースト状にしたもので、砂糖や塩は入る場合もあるし入らない場合もある。

一方、日本ではパイ・ドーもショート・ペーストもパイ生地とは呼ばない。日本でパイ生地と言っているのは、フランスでパート・フイユテ（Pâte feuilletée）と呼ばれている生地とほぼ同一のものである。

パート・フイユテならば、マニアとまではいかなくても、洋菓子にそこそこ関心の高い人であればフランス菓子のもっとも基本的な生地のひとつであることを知っているに違いない。このパート・フイユテが、日本ではなぜかパイ生地と完全に混同されているのである。

パート・フイユテとパイ生地は、もちろん本来は別物である。

パート・フイユテは、小麦粉に水を加えて練った生地（これをデトランプという）でバターを包み、それを伸しては折るという作業を繰り返すことによって作る。その結果、デトランプとバターが交互に重なった何層もの薄い層ができ、焼いたときにサクサクとした独特の食感を生み出す。その形状がまるで葉っぱ（フイユ　feuille）を重ねたようだというので、これにパート・フイユテという名前がつけられたのである。作るお菓子の目的に合わせて折る回数にいくつかのバリエーションがあり、「三つ折り六回」とか「三つ折り三回と四つ折り三回」などと表現する。

パート・フイユテがパイ生地と混同されている日本でも、これを「折りパイ生地」と言い、折らないパイ生地である「練りパイ生地」と一応区別してはいる。しかし、いちいち使い分けるのは面倒なので、単に「パイ生地」ということのほうが圧倒的に多い。ここにリーフパイという日本独特の菓名が生まれる下地があったように思われるのである。

はっきり言って、リーフパイはパイではない。

ただ、日本ではパート・フイユテという用語は普及せず、パイ生地という用語で代用されたために、パート・フイユテで作ったお菓子にも一律にパイの名前が与えられたのである。ちなみに、リーフパイのようなパート・フイユテを使って作られるお菓子は、フランスではフイユタージュ（feuilletage）という。

この混同にはもしかするとアップルパイの普及が関わっているのかもしれない。

前述のように、アメリカでもイギリスでもアップルパイはパート・フイユテでは作らなかった。パート・フイユテで作っていたのは日本だけである。

その理由はおそらくこうだ。

日本の洋菓子は、明治初期にまずフランス菓子が導入された。その後国際情勢の変化にともなってドイツ菓子も普及したが、イギリ

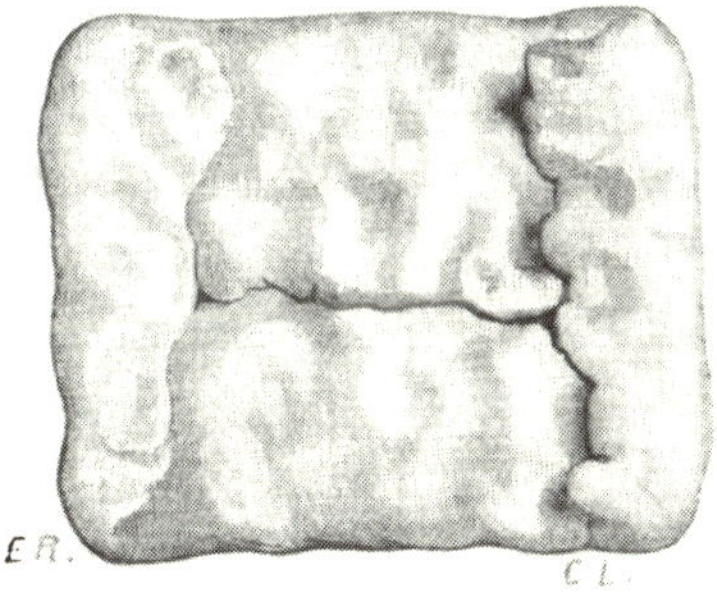

①

②

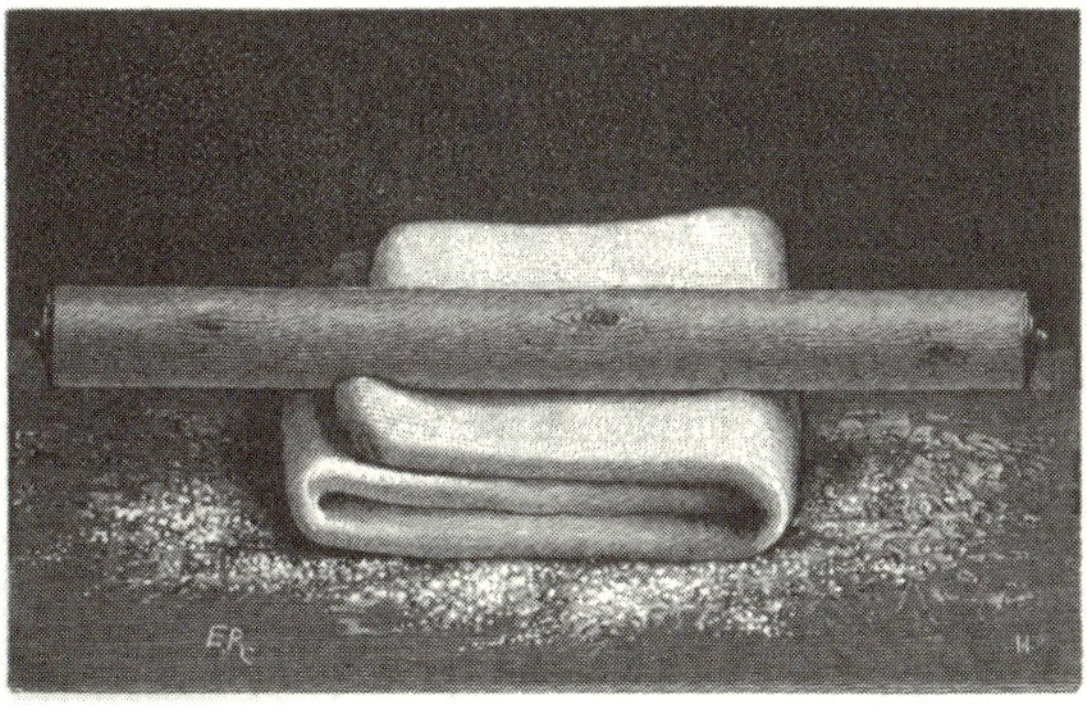

③

ジュール・グフェの『パティスリーの本』に掲載されたパート・フイユテの作業手順。これは３つ折り。河田勝彦氏提供。

スの影響はほとんど受けなかったし、アメリカの影響も戦前までは限定的だった。だから、おそらくアップルパイにもパイ・ドーやショート・ペーストではなく使い慣れていて高級感のあったフランス菓子のパート・フイユテが使われたのだ。

その後になって、アップルパイに使われた生地ということでパート・フイユテをパイ生地と呼ぶ習慣が生まれ、それがそのまま修正されることなく現代に至っているというわけだ。

以上はあくまでも推測だが、それほど見当違いでもないだろう。

だから、本書でもしばしば登場するパート・フイユテという耳慣れない言葉に違和感を覚える方は、パイ生地という言葉に置き換えて読んでいただいて一向に差し支えない。

ただ、パート・フイユテという言葉と、それを使って作るお菓子全体をさす言葉であるフイユタージュの本来の意味が葉っぱを重ねたように見えるところから来ているということだけは、ぜひ知っておいていただきたい。それを心に留めておくだけでミル・フイユ（mille feuilles　千枚の葉）などの「パイ菓子」にもきっと別の面が見えてきて、その味わいが一層深まるだろうと思うからである。

episode

4

エクレール

Éclair

公爵夫人は、まだ何も理解できずにいるトトにパレ・ロワイヤルのパティシエの店のエクレール・オ・ショコラを手渡しながら言った。

「私の坊や、今日おまえの見たことを決して忘れてはいけません。私たちを門から叩き出そうとしているあの悪い男たちはおまえの臣民なのよ。いつかおまえが力を取り戻したときには……残りは英国に行ってから説明してあげましょう」

フランスの王位継承者は唇についたチョコレートを腕で拭いながら答えた。

「はい、お母さま」

そして一二時間後、フランス王の一家は再び外国の土地に根を下ろすために屋敷を離れ、チュイルリー宮から一掃されたのだった。


トゥシャトゥ『トロムビノスコープ』(一八七二)から

エクレールの伝説

世の中でよく知られた数々の洋菓子たち。これらはいったいいつ、誰によって、どんなふうにして創られたものなのだろう？

これはとびきりの難問である。なぜなら、お菓子というのはそもそも人びとの暮らしに密着した嗜好品であり、そうしたものに対しては、よほど大きな歴史的事件に関わるものでもない限り、その由来や生い立ちの記録が残らないのがむしろ普通なのだから。

たとえばガレット・デ・ロワにも使われるピティヴィエというお菓子を見てみよう。このお菓子はフランスの田舎町、ピティヴィエ市のスペシャリティでありながら、その正確な由来について知っているピティヴィエ市民は誰もいないばかりか、当のピティヴィエ市さえホームページで「今では時の闇のかなたに紛れてしまって判然としない」と、公に認めているのである。

ピティヴィエに限らずお菓子の由来や誕生のいきさつについてははっきりしないケースがほとんどで、それゆえそこにはしばしば伝説の影がつきまとっている。

フランスの菓子店の店頭で必ずと言ってよいほど見かける、「超」がつくほどポピュラーなシュー菓子であるエクレールにもそんな伝説がいくつか語られてきた。

「エクレールの創作者はかの有名なアントナン・カレームである」という伝説を聞いたことはないだろうか。

この問いかけに対して、そりゃ伝説じゃなくて事実だよ、と言う人も少なくないだろう。彼は続けてこ

エクレール・オ・ショコラ。
(Eclairs with chocolate icing at Cafe Blue Hills/georgie-grd/wikimedia commons)

う言う。だって、専門家が書いた本にそう書いてあるじゃないか。

残念ながら、その人はすでに洋菓子起源伝説という亡霊にとり憑かれていると言わざるを得ない。

専門家だっていつも正しいとは限らない。フランスのある著名な民俗学者が洋菓子の由来について一九九七年に書いた書物の中でこう断定した。

エクレールは伝説的パティシエであるアントナン・カレームが最初に創った。

あまりにもきっぱりとした口調なので、学者がここまではっきり言うのならそれが事実でないはずはない、と素直な人ならいささかの疑念も抱くことなく受け入れてしまうことだろう。

しかし、この断定には根拠がない。根拠がないのだから断定などしなければ良いのだが、あいまいな物言いは専門家として許されないと思ったのか、それともこんな些細な事柄など緻密な論証に値しないと思ったのか、それは定かではないけれど、とにかく著者は「エクレールの創作者はカレームだ」と言い切ってしまった。

学者というのもなかなかやっかいなものではある。

もう一度言おう。「エクレールの創作者＝カレーム」説は単なる伝説である。

カレームの著作のどこを探してもエクレールというお菓子は見当たらないし、カレームとエクレールの関係に触れた料理・菓子関連の資料も、少なくとも一九世紀以前には存在しない。さらに傍証が必要だというのなら次の一節はどうだろう。

ここ二〇年ほどの間、クリームを詰め表面にグレージング（糖衣）をかけたこれらのパン・ア・ラ・デュッシェスはエクレールの名前で呼ばれるようになっている。

これはジュール・グフェの一八七二年の著作『パティスリーの本』のパン・ア・ラ・デュッシェスに付された解説である。パン・ア・ラ・デュッシェスは長円形に焼いたシュー生地にクリームなどを詰めたお菓子で、これが二〇年前、すなわち一八五〇年頃からはエクレールと呼ばれるようになった、とグフェは言っているのである。この引用は実は原著の出版から二年後に英国で出版された英訳版の記述であり、オリジナルとは少し違っている。しかしこの英訳版の翻訳者がアルフォンソ・グフェ、つまりジュール・グフェの実弟であることから見て、当然この異同には原著者であるグフェ本人の意向が反映されていると考えて間違いない。

それに、そもそもエクレールがカレームの創作であったのならカレームの直弟子であったグフェが自著のエクレールへの言及でそのことに触れないのはむしろ不自然ではないだろうか。

だから、グフェの言うとおり、エクレールは一八五〇年前後になって初めてその名前を与えられたものなのだ。もちろん、その名を与えたのが一八三三年に死んだカレームであるはずはない。

ちなみに、パン・ア・ラ・デュッシェスは一八〇七年発行のグリモ・ド・ラ・レニエールの『食通年鑑』の中にすでにその名前が登場している。また、それ以前の一八世紀末の料理書の中にもそれらしい名前が出てくるので、残念ながらこれもカレームが創作したものではありえない。

さて、それでは誰がエクレールの真の生みの親かというと、これはまったく不明である。そんなの無責任じゃないかというお叱りはまことにごもっとも。しかし、わからないものはわからないのである。

真実というのはえてしてそんなものではないだろうか。

稲妻のごとく素早く食べる？

菓名の由来についてはどうだろう？　パン・ア・ラ・デュッシェスにどうしてエクレール（稲妻）という別名が与えられたのだろう？

これにも諸説があり、いずれが真説とも定めがたい。一八八四年に出版された『探求者と好奇心の架け橋』という雑学辞典のような書物にはエクレールの語源に関する興味深い記事が載っている。

エクレール、菓子：私の取るに足らない意見では、これは稲妻（éclair）から来ているのでも賢い（éclairé）から来ているのでもない。このエクレールと呼ばれるお菓子を最初に創ったパティシエは、もともと別の名前で呼んでいた。それが証拠に、古い時代のトゥルーズ（筆者注：フランス南西部の街）では、このお菓子はバトン・ド・ジャコブと呼ばれていたのである。

エクレールが一名バトン・ド・ジャコブと呼ばれていたことは『ラルース料理百科事典』にもそう書いてあるから間違いない。しかし、それがどうしてエクレールと呼ばれるようになったのか、上記の説明は何も答えてくれていない。確かに「取るに足らない意見」である。

同じ書物には別の説明もある。

エクレールはベルギーではいまだに稲妻を想起させるジグザグ形のものが売られている。おそらくこれが菓名の由来であろう。

これはいかにももっともらしい説明である。ただ、惜しむらくは一三〇年前にベルギーで売られていたというジグザグ形のエクレールは現在ではどこを探しても見当たらない。さらにかつてそれがあったということも今となっては確認のしようがない。

「稲妻」という新奇な響きを持った菓名が人びとの想像力をかき立てるのか、この菓名の由来についてはいろいろな人がいろいろなことを言っている。たとえば、「このお菓子はのんびり食べていると手や口の周りがクリームでベタベタになってしまう。だから稲妻のように素早く食べなければならない。それが菓名の由来だよ」とか、「このお菓子を横から見てごらん。長く鋭い筋が何本も走ってるだろう？　だからエクレールさ」とか、「このお菓子を創作したパティシエがそれを完成させたとき、たまたま窓の外に稲光が走った。その瞬間、パティシエの頭に新しいお菓子の名前が閃《ひらめ》いた。まさに稲妻のごとく！」などなど。

稲妻のように素早く食べる？　それってどんな食べ方なんでしょう？　たまたま窓の外に稲光が走った？　まさか怪奇映画のシーンじゃあるまいし。

こうした奇説・珍説はともかく、いささかなりとも信ぴょう性がありそうなのは、その外観から付けられた名前だという説である。これには先に述べたバトン・ド・ジャコブが関わっている。

バトン・ド・ジャコブというのはもともとは中世以降の大航海時代に使用された測量機器のことである。これがどうしてお菓子の名前に流用されたのかは例によって不明だが、『ラルース料理百科事典』の説明によれば上面にカラメルで光沢をつけたエクレールをとくにバトン・ド・ジャコブと呼んだらしい。しかし、お菓子の名前としてはバトン・ド・ジャコブのほうがエクレールよりも古いことは確かである。したがって、この『ラルース料理百科事典』の説明はたぶん逆だ。

つまり、いろいろと種類のあるパン・ア・ラ・デュッシェスの中でカラメルで光沢をつけたものにまずバトン・ド・ジャコブという別名が与えられた。次いでバトン・ド・ジャコブのカラメルが光を受けてキラッと反射するその様子が稲妻を連想させるというのでエクレールという新しい名前が考え出された。その後、このお菓子がもっぱらエクレールという名前で普及したために、いつしかバトン・ド・ジャコブだけではなく他のパン・ア・ラ・デュッシェスもすべてひっくるめてエクレールの名前で呼ばれるようになった。

こう考えれば「稲妻」という特異な名称も納得できるように思える。少なくとも、「稲妻のように素早く食べる」なんて馬鹿げた説明よりはずっとまともだろう。

しかし、悲しいことに世の中の人びとというのはまともな説明よりも奇抜な説明のほうを好んで受け入れたがるものなのである。確かに話としてはそのほうがおもしろい。

かくして「稲妻のように素早く食べる」説はいまだに健在どころか主流ですらあるのである。

シューとキャベツの微妙な関係

エクレールはシュー生地で作られるもっともよく知られた洋菓子のひとつである。このことに異論を挟む人はおそらくいないだろう。しかしもちろん、シュー生地を使って作られる洋菓子はエクレールだけではない。ほかにもたくさんある。ヨーロッパのお菓子全体を見渡せば、シュー菓子がひとつの大きなジャンルを形成していると言っても良いほどだ。それほどまでに人びとに親しまれているシュー生地ではあるが、実はここにもやはり幾多の伝説が影を落としている。

フランス語でシュー（chou）はキャベツのことだ。そう、あの野菜のキャベツである。どうして野菜の名前がお菓子に付けられたのだろう?

シュー・ア・ラ・クレーム（シュークリーム）は丸く膨らんで表面にたくさんの襞《ひだ》がついている。その外見はまるでキャベツのようではないか、というのでシューと呼ばれるようになった。これがまず定説と

シュー・ア・ラ・クレーム。

言って良いだろう。この形状類似説が多くの人に受け入れられているのは、シュー・ア・ラ・クレームがエクレールと並んで非常にポピュラーなシュー菓子であり、誰もがその形をよく見知っているからに違いない。なるほど、シュー・ア・ラ・クレームの外観は、それがキャベツに似ていると言われればそうかもしれないと思わせるだけの説得力がある。

しかし、この説明には大きな弱点もある。シュー生地で作るお菓子の中にはシュー・ア・ラ・クレームが普及するよりずっと古くから知られているものもあり、シュー菓子の基点にシュー・ア・ラ・クレームを置くことにはいささか疑問の余地が残るのである。事実、パン・ア・ラ・デュッシェスの外観からキャベツを連想するのはかなり難しい。この矛盾を探るには、おそらくシュー生地の誕生にまでさかのぼる必要がありそうだ。

多くの食文化史の資料がシュー生地の創作者と

して挙げる人物がいる。その名はパンテレッリ。カトリーヌ・ド・メディシスのシェフであったとされ、シュー生地を作り出したのは一五四〇年となぜかその時期まではっきり書かれた資料すらある。

周知のようにカトリーヌ・ド・メディシスはルネサンス期のフィレンツェの貴族の令嬢で、後にフランス王アンリ二世となるオルレアン公に嫁ぐため一五三三年に多くの従者をともなってフランスに輿入れした。その従者の中には優れた料理人やパティシエも含まれ、彼らの当時最先端の料理技術がそれまでの無骨なフランス料理を一新して洗練された高級料理へと導いた。

これはまあ、今ではほぼ否定されている有名な俗説だが、そのカトリーヌ妃の料理長を務めていたとされるのがパンテレッリである。その彼が最初にシュー生地を創ったというわけだが、それを証明する当時の文献資料は存在しない。だからはっきり言ってこれも伝説である。

もともとフランスだけでなくヨーロッパ各地には小麦粉と塩、沸騰させた水、オリーブオイルをこね合わせて作る素朴な生地があった。これはフランスでは中世期にもっぱらベーニェを作るために用いられた生地だった。パンテレッリは（伝説によれば）これに改良を加えた。当時広く普及し始めていた鶏卵を混ぜ込んだのである。こうすることで生地はより風味が増し栄養価が高くなったばかりでなく、焼いたり揚げたりしたときの膨らみが良くなった。喜んだ宮廷の人びとはこの改良された新しい生地にパータ・パンテレッリ（Pâte à Panterelli）という名前をつけた。パンテレッリは一名ポプリーニとも呼ばれたので、パータ・パンテレッリはパータ・ポプリーニとも呼ばれた。シュー生地の由来を説明する資料の中でその創作者の名前をポプリーニとしているものがあるのはこのためである。

ここで疑問。パンテレッリはなぜポプリーニと呼ばれたのだろう?

ポプリーニという名前はポプリーヌをイタリア風に呼び変えたものと解釈することができる。ポプリーヌ（Popeline）は女性名詞なので、これを男性名詞にするとポプラン（Popelin）である。中世の時代から知られているお菓子でポプランというのがあるが、パンテレッリはこのポプランを特に上手に作ったのでポプリーニというあだ名がつけられたのではないか。そう書いてある文献もある。しかしこれも推測の域を出ない。つまり伝説のひとつである。

学術的でちょっとはしたないシューの話

シュー生地は古くはププランの生地と呼ばれていた。これはパンテレッリが改良した生地にフランス人のパティシエたちがさらに改良を加えたものと一般には考えられている。ププラン（Poupelin, Poupelain）はもちろんポプランが変化したもので、同じ言葉である。

ポプランもしくはププランというお菓子は昔からよく知られており、宮廷料理人として名を馳せたラ・ヴァレンヌの著書『フランスのパティシエ』（一六五三年）にもそのレシピが収録されている。ところが、ラ・ヴァレンヌのププランの生地はチーズと卵、小麦粉、塩を混ぜて作ったもので、現在のシュー生地とはかなり違う。作り方も「この生地を指の太さほどに形を整えてバターを塗った紙の上に置き、熱いオーブンで焼く。焼いてすぐに溶かしバターに浸して粉砂糖を振り、ローズ・ウォーターを振り掛けて二枚重ねにする」と書かれているから、これはむしろクッキーのようなものに近い。これがシューとどう結びつくのだろう。

ここでおもしろいのは材料の中のチーズがプティ・シュー用のチーズ（fromage à petits choux）となっていることで、実は、このププランのレシピのすぐ後に「プティ・シューの作り方」という項目もある。製法はププランとほぼ同じ。違うのは、小麦粉を多めにして卵くらいの大きさのボール状に丸めて焼くという点である。プティ・シュー（小さなキャベツ）という命名はこのボール状の形態に由来すると思われるが、だからと言ってこれをただちに現代のシューの起源であるとするわけにはいかない。両者は共通する点もあるけれど基本的に異なるお菓子である。ただ、ププランとほぼ同じレシピで作られるプティ・シューというお菓子がラ・ヴァレンヌの時代にあったことは記憶にとどめておこう。

さて、ラ・ヴァレンヌから一〇〇年ほど後のムノンの『ブルジョワの女料理人』（一七五六年）のププランの項目にはこんな記述がある。

鍋に水差し三杯の水と一つまみの塩、卵の半分ほどの大きさのバターの塊を入れて火にかけ、沸騰させる。バターが溶けたら火からおろし、半リトロンの小麦粉を加えて再び火にかけ、すばやく混ぜ続ける。生地が鍋につかなくなったら別の鍋に移して卵を加えて混ぜ、さらに卵を一個ずつ加えながら混ぜていく。

どうだろう？　現代のシュー生地そのものではないか。

ここから推測できるのは、ププランは中世からある古いお菓子だが、一八世紀になってその製法が枝分かれし、そこで現在のようなシュー生地が生まれたらしいということである。

ここで前述のラ・ヴァレンヌのプティ・シューを思い出していただきたい。

ムノンとほぼ同時代のフランソワ・マシャロの『宮廷およびブルジョワの料理』（一七二一年）にはプティ・シューというお菓子が収録されている。その記述を見るとラ・ヴァレンヌと同様の作り方である。ただ、その後に「アントルメ*用の別の製法」と題してムノンのププランとよく似た製法のプティ・シューの作り方が紹介されているのである。

ラ・ヴァレンヌのププランとプティ・シューの組み合わせをムノンのププランとマシャロのプティ・シューの組み合わせに対応させるならば、後者が前者から枝分かれして現代のシューの元祖になった、という論にはかなりの説得力があるように思える。

であるならば、ここでひとつ重大な疑問を提起しないわけにはいかない。

パンテレッリが創り出したというのは、本当にシュー生地だったのだろうか？

パンテレッリがポプリーニという別名で呼ばれたのは、確かに彼がププラン（ポプラン）作りの名人だったからかもしれない。しかし、当時のププランはラ・ヴァレンヌの書物で見たようにシューとは別物であった。それが現代のシューのようなププランに枝分かれするのは一八世紀になってからのことである。

パンテレッリの時代はおろか、それから一世紀を経たラ・ヴァレンヌの時代にも、現代風のシューはまだ誕生していなかったのだ。つまり、パンテレッリにシュー生地を創作できたはずはない。

ププランとシューの関係には、もしかするとベーニェという揚げ菓子が介在しているのかもしれない。というのは、前述のムノンの本の中にベーニェ・スフレというお菓子が載っており、ムノンはそこで「同じ生地を使ってプティ・シューを作ることができる」と書いているからだ。ベーニェ・スフレの生地の材料と作り方は現代のシュー生地とほとんど同じ。それを油で揚げると風船のように膨らむのでスフレ（soufflé）の名前がつけられたのである。この事実をもとに、ちょっと想像の翼を広げてみよう。

一八世紀になって、誰だかわからない研究熱心なパティシエがたまたまベーニェ・スフレを油で揚げる代わりにオーブンで焼いてみるという冒険を試みた。するとそれは見事に膨らみ、その形状はこれまで親しんできたプティ・シューとよく似ていた。そこでそのパティシエは自らが創り出した新しいお菓子にやはりプティ・シューという名前をつけた。やがてその生地は他のパティシエの間にも広まり、それにつれてプティ・シューの相方とも言うべきププランにも応用されるようになった。シュー生地の誕生である。

確証はないが、いちおう筋は立つ。

ところで、ベーニェ・スフレには「ペ（pet）」という別名もある。「ペ」というのはおならのことである。なんだか冗談みたいだが、フランスでもっとも権威ある『フランス・アカデミー辞典』の「ペ」の項目にも、

膨らませたベーニェの一種をこう呼ぶ。

とちゃんと書いてある。

「ペ」が出てきたついでにペ・ド・ノンヌというお菓子を紹介しよう。「ノンヌ」というのは修道女を指す俗語である。修道女のおなら。なんという菓名だろう！

一説によると、修道院で一人の修道女がププランを作っていて誤って生地を熱した油の中に落としてし

まった。するとその生地はみるみるうちにプーッと膨れ上がった。それを見ていた別の修道女がすかさずこう言った。まあ、あなたのおならみたい。

もちろんこれも伝説である。

そして、当然のことながらこれにも異説がある。それによると「ぺ」のつづりはもともと「pet」ではなく「paix」だったという。「paix」は「平和」という意味なので、これだとぺ・ド・ノンヌは「修道女の平和」ということになり、きわめて穏健、誰からも眉をひそめられることはない。ただ、これでは由来としてぜんぜんおもしろくないので、後世のお茶目なパティシエが「paix」を同じ発音の「pet」と入れ替えたというのである。

しかし、この異説はおそらく成り立たない。なぜなら、修道女を意味する「ノンヌ」というのは一種の戯《ざ》れ言葉で、冗談めかして言うときに使われるものだからだ。それと組み合わせるのが生真面目な「paix」ではバランスがとれないだろう。それに、『フランス・アカデミー辞典』の説明のこともある。したがって、これは最初から「pet」だったとするのが正しいように思われる。

その傍証として、ラ・ヴァレンヌの『フランスの料理人』に同様のベーニェが別の名前で載っていることを挙げてもよい。そのベーニェの名前はぺ・ド・ピュタン。ピュタンは売春婦という意味である。後のパティシエがこれではあまりに強烈、あまりに下品だと考えたのだろう。ピュタンをノンヌに置き替えた。ただ、なぜか「ぺ」にはこだわった。それが先輩を敬い伝統をおろそかにしないパティシエの心情によるものなのかどうかはわからないが、この話からも「pet」という単語が大昔からベーニェの名前に使われていたことがうかがえる。

というわけで、ペ・ド・ピュタンはペ・ド・ノンヌとなったが、それでもやはりはしたないと思う人がいたのだろう、この菓名はその後再び修正されてスピル・ド・ノンヌとなった。スピルはため息という意味である。修道女のため息。これはこれで考えようによってはかえってエロティックである。

いやはや、人間の煩悩というのは何とも限りのないものではないか。

＊アントルメ（entremet）は「料理（met）に入る（entre）」という語源のとおり、本来は料理と料理の間をつなぐもののことで、中世以前の時代では芝居や音楽演奏がその役割を果たしていたこともあった（一九七ページのコラム「二四羽の黒つぐみ」を参照）。しかし、時代とともにその意味は変化し、一八世紀頃になるとひとつの料理から別の料理へ移る間に供される軽い料理、特に甘いパティスリーを指すようになった。これらはいずれも貴族や富裕層の催す饗宴のメニューを構成する一要素として発展してきたものだが、現代では供される場やタイミングに関係なく大型の生菓子全般をアントルメと呼ぶようになっている。

episode

5

ヴォローヴァン

Vol-au-Vent

小さなパティシエの少年は上から下まで真っ白だ。白いズボンに白い上着、そして白いコック帽。その真っ白な帽子の上に店の主人は大きな籠をのせた。籠の中にはすばらしいヴォローヴァンとその周りを囲むように並べられた数ダースのプティフールが入っている。ヴォローヴァンからは良い香りがたちこめ、プティフールからも良い香りが漂って幸せな気分にさせる。

主人は小さなパティシエの少年に言った。

「大急ぎだ！　ドブロッカさんのお宅からは六時に届けるように言われているのに、今はもう六時半だ。これ以上時間を無駄にはできないぞ。伝票はタオルの下に入ってるからな」

シャルル・モンスレ『プティ・パティシエ』（一八六五）から

ヴォローヴァン。円形に焼いたフイユタージュのケースの中にさまざまな料理（たとえばソースで煮込んだ肉や野菜など）を詰めた料理。
（Vol-au-vent 20cm/Hautbois/Wikimedia Commons）

風のように軽やかに

洋菓子の起源や由来については伝説がつきものだ。これはエクレールのときにも書いたし、その一例として「エクレールの創作者＝アントナン・カレーム」説を紹介もした。カレームほどの有名なパティシエになると、エクレールに限らずこうした伝説が常について回るものである。今回のテーマであるヴォローヴァンもその例に洩れない。

　イアン・ケリーのカレーム評伝『王の料理人』の中にはこんな一文がある。

　カレームによるヴォローヴァンの創作も、この時期にこの場所で行なわれたと言われている。

ケリーが「この時期」と言っているのは一八〇三年から一八〇四年にかけての冬のことを指している。また、「この場所」と言っているのはパリに出したカレーム自身の店のことである。

確かにカレームは自分の店を持っていた。そのこと自体は同時代の資料でも確認できるから間違いではない。しかし、その出店時期はおそらく一八〇五年以降のことと思われる。さらに、そこでヴォローヴァンを創作したということを裏付ける資料はいっさい存在しない。だからこの文言ははっきり言ってケリーの単なる推測にすぎない。

カレームの店のあった場所についても、ケリーは「新たに再開発されたリュー・ド・ラ・ペ」と書いているのだが、当時この界隈が再開発された事実はなく、通りの名前もこの時代にはリュー・ナポレオンと呼ばれていた。一八一四年にナポレオンが失脚して通りの名前が変えられたのである。

ケリーだけではない。洋菓子の由来に関する別の著作の中でも同様の記述が見られる。

一九世紀初め、アントナン・カレームがヴォローヴァンとミル・フイユを相次いで創り出した。

これはどうだろう？　残念ながらこれもやはり正確とは言いがたい。

証拠を示そう。

どこでどんなふうに食事をしたんだい？――メオの店でさ。食事はこんなふうだった。僕に出されたのは鶏冠《とさか》と白子のヴォローヴァンに鶏肉のフレトー、コートレット・ア・ラ・ミニュト、トリュフ入りやまうずらのシチュー、鯖、すばらしい豆料理、それにボルネ・ワインだ。

これは革命暦第八年、すなわち一八〇〇年に出版された『哲学および文学、政治の旬日』という書物の中の一節である。メオというのは当時もっとも人気の高かった高級レストランの名前で、この文章から一八〇〇年にはメオでヴォローヴァンが出されていたことがわかる。一八〇〇年といえばカレームはまだわずか一六、七歳。すでに一流菓子店で責任ある地位につきかけていたとはいえ、料理の世界ではいまだ無名のパティシエのひとりに過ぎなかった。そんな若者が創作したばかりの料理を、メオのような超高級店がメニューに載せるなどということが果たしてありえただろうか。少なくともこの資料だけでケリーの記述が間違っていることは明らかである。

これで足りないと言うのなら、さらにさかのぼることだってできる。

革命暦第五年（一七九七年）に出た『批評の週日』という本にはこんな文章もある。

ギャルソン、牛肉だ！――牛肉ですね、ムシュー。ワインはいかがいたしましょう？――ボーヌ・ワインを頼むよ。それからベシャメルとヴォローヴァンだ。ギャルソン！　私の言うことを聞いてるのかね？

実際にはヴォローヴァンというパート・フイユテを使った料理はもっと古くから知られていた。それなのに、どうして多くの食文化に関わる研究者やジャーナリストたちがヴォローヴァンをカレームの創作だと思い込んだのだろう？　彼らは実にさまざまな論文や記事、エッセイ、コラムの中で同じ誤った記述を繰り返しているのである。

もしかしたらヴォローヴァンという魅力的な名前のせいだろうか。

ヴォローヴァン（Vol-au-vent）は風（vent）で飛ぶ（vol）という意味である。フレーキーで軽いその焼き上がりからつけられた名前であることは疑いない。風に舞うほど軽やかなお菓子。なんと洒落《しゃれ》た、そして詩心に溢れた命名だろう。そんな名前を思いつくことができるのは偉大な芸術家でもあったカレームのような天才にしてはじめて可能なことだったに違いない。そんなふうに思わせるだけの実力と風格がカレームに備わっていたことは確かだろう。

実は、エクレールと違って「ヴォローヴァンの創作者＝カレーム」説にははっきりとした出発点がある。一九世紀の終わりから二〇世紀のはじめにかけて料理の世界に大きな足跡を残したジョセフ・ファーヴルは四巻からなる『実用料理大辞典』の編者としても知られるが、この辞典の中のヴォローヴァンの項目でその起源についておもしろいエピソードを書いているのだ。

パティスリーを完全なものにしようと常に心がけていたカレームは、ある日、タルトとプティ・パテを作っているときにひとつのアイデアを思いついた。帯状にした生地を巻いて縁をこしらえるのではなく、ただフイユタージュの表面に円形の切れこみを入れるだけで蓋の部分を作り出せるのではないかと考えたのである。彼はそのことを他のパティシエたちには黙ったまま、フルニエ（焼成担当者）に彼が特別に印をつけたタルトを注意深く見守るよう指示した。

突然、フルニエが叫んだ。

ヴォローヴァンの焼成前（上）と焼成後（下）。
（Jules Gouffe; LE LIVRE DE PATISSERIE, 1873. 河田勝彦氏提供）

「アントナン、風で飛ばされる！（Antonin, elle vole au vent!）」

アントナンと呼ばれていたカレームはかまどに走りよって中を覗き込み、驚いた。新しい工夫をほどこしたタルトは塔のようにそびえ立ち、その上部が片方に傾いてもう少しで落ちそうになっていたのだ。

「よしよし」と彼は言った。「こいつを真っ直ぐに立てる方法をつきとめてやるぞ」

彼はこれは折り込み回数が足りなかったせいだと結論付けた。生地が正しいやり方で伸されていなかったのだ。彼はそれに改善をほどこした。こうしてヴォローヴァンが誕生したのだった。

まるでその場にいたような臨場感溢れる描写である。ファーヴルは料理業界の組織化に尽力し、当時の料理人やパティシエに絶大な影響力を持っていた。その彼がここまではっきりと書いているのだから、このエピソードがそのまま事実と受け止められても不思議はない。

ファーヴルが自分でこの話を創作したのかどうかはわからない。あるいはそれ以前からあった話を多少脚色して紹介しただけかもしれないが、いずれにしてもこれがその後の「ヴォローヴァンの創作者＝カレーム」説の原点になったことはおそらく間違いない。

興味深いエピソードにそれを裏付ける権威の存在が加わったとき、人はろくに確かめもせずに簡単にそれを定説として受け入れる。その格好の見本がここにあると言ったら言いすぎだろうか。

ミル・フイユはナポレオン？

先に紹介した本の著者には申し訳ないが、ミル・フイユももちろんカレームが創作したものではない。

まあ、その著者もカレームがミル・フイユの創作者ではないということはたぶん知っていたのだろう。カレーム以前の古い料理書にこのお菓子の作り方がいくつも記されていることは、料理史の専門家の間ではほとんど常識なのだから。にもかかわらず、カレームの威光に目がくらんでつい筆が滑ってしまった。カレームの存在感は学識豊かな専門家の判断すら時として惑わせるほどのものなのだ。

それはともかくとして、パート・フイユテ（Pâte feuilletée）を使用したパティスリーでは、ヴォローヴァンよりもミル・フイユのほうがポピュラーかもしれない。

ヴォローヴァンがどちらかというと料理のカテゴリーで捉えられることが多いのに対して、ミル・フイユは純粋にお菓子であると一般には考えられている。少なくとも現代においては、そう思っている人がほとんどではないだろうか。一九世紀中頃まではガトー・ド・ミル・フイユと呼ばれていたから、これが昔からパティシエの領分であったことも確かである。

しかし、ヴォローヴァンがそうであるように、ミル・フイユもまた本来は料理とお菓子の境界線上にあるものだった。そしてたぶん、その歴史はヴォローヴァンよりもずっと古い。

印刷された最古のミル・フイユのレシピはラ・ヴァレンヌの『フランスの料理人』に載ったものとされ、これは一六五一年の出版である。実は、この有名な料理書の古典の中にミル・フイユという名前のお菓子が出てくるわけではない。ただ、パート・フイユテ（この時代の表記ではPaste feuilletée）という生地の記述がある。さらに同じ著者による一六五三年の『フランスのパティシエ』にはガトー・ド・フイユテという菓名も見られる。こうしたことを考えあわせた上でミル・フイユの原型となるお菓子がこの時代にすでに存在していたと結論付けても、あながち不合理とは言えないだろう。

ミル・フイユという名前がいつ頃現れたのか、それははっきりしない。ただ、一六九一年に書かれたフランソワ・マシャロの『宮廷とブルジョワの新料理人』にその名前はなく、一七三九年に出版されたムノンの『新料理概論』にガトー・ド・ミル・フイユ（Gâteau de mille-feüille）の名前で登場するところから見て、一七世紀の終わりから一八世紀のはじめにかけてこの菓名が「発明」されたと推論しても良さそうだ。さらに一七四二年にはラ・シャペルも『現代の料理人』の第二巻にガトー・ド・ミル・フイユの詳しい製法を載せているから、一八世紀中頃までにはこの名前が料理人やパティシエの間で定着していたと思われる。

こまかい話はこのくらいにしておいて、ミル・フイユに関してカレームの名前が取りざたされるのは、おそらく彼の著作の中で従来のものと現代風のものと二種類のミル・フイユが対比的に取り上げられており、それゆえにカレームが古くさいミル・フイユを改良して現代のパティスリーに仕立てた功労者であると見なされているからだろう。カレームはミル・フイユの創作者ではなく改革者なのだ。そう主張する専門家も実際に少なくない。

だが、ここでカレーム自身のデッサンによるミル・フイユの図版（一一四ページ）をよく見てもらいたい。この図の左半分が従来の仕上げ、右半分がカレームが考案した新しい仕上げである。現代のわれわれには右も左もたいして変わりがないように思える。百歩譲って右半分の革新性を認めたとしても、このどこが現代風だと言うのだろう？　むしろかなり古風なんじゃないだろうか？

考えてみれば、カレームの仕事の場は主に貴族など富裕層の大邸宅で行なわれる大がかりな晩餐会だった。そうした食卓では単に味覚だけでなく華麗で豪奢な装飾性が求められる。それは言うなればアンシャ

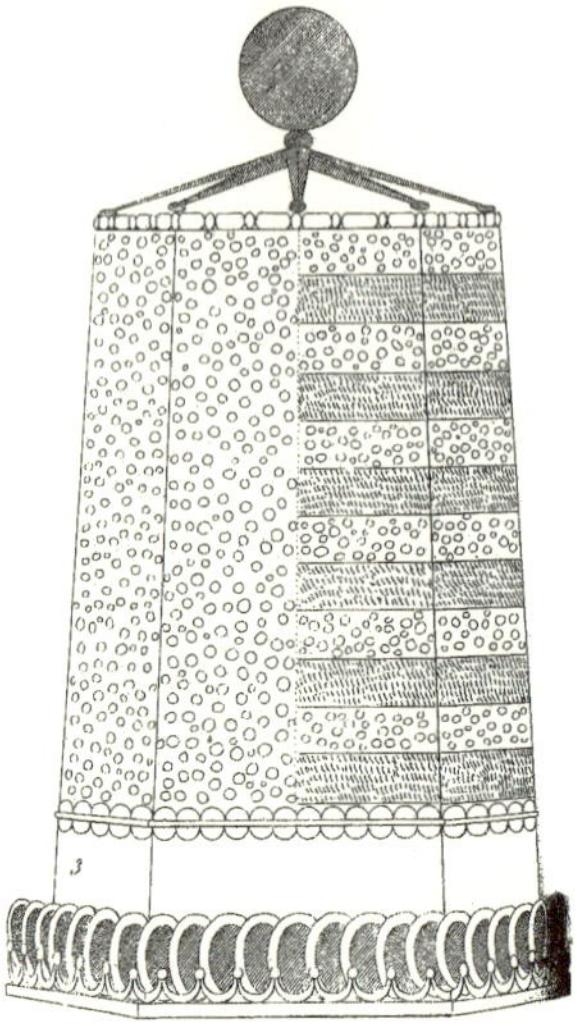

カレーム自身によるミル・フイユのデッサン。この図の左半分が従来のミル・フイユで右半分がカレームが改善した現代風のミル・フイユ。従来のミル・フイユが表面にメレンゲを塗っただけの単調な仕上げなのに対して、現代風ミル・フイユはピスターチと砂糖を交互に帯状に飾ることで見た目も華やかで豪華な仕上がりになる、とカレームは主張している。
（Antonin Carême; PATISSIER ROYALE PARISIEN, 1815. 河田勝彦氏提供）

ン・レジームの伝統に支えられた古典的な料理のスタイルである。そんな歴史の産物とも言える饗宴の料理を、どうアレンジすれば現代風になるというのだろう？　たとえカレームほどの天才をもってしても、それはとてつもなく難しいことだったに違いないのだ。

つまり、ミル・フイユとはそういうお菓子だったのである。

さて、ミル・フイユは現在ではフランスだけでなくさまざまな国で菓子店の店頭を飾り、また、レストランのメニューをにぎわしている。おもしろいことにその呼び名は国によって違っていたりする。

たとえば英国やオーストラリアではこのお菓子はバニラ・スライスと呼ばれている。ドイツではクレームシュニッテである。アメリカをはじめとする広い地域ではナポレオンと呼ばれることも多い。なぜミル・フイユがナポレオンなのか？　それはよくわかっていない。単にアメリカ人がフランスをイメージしたときに思いつく単語のひとつがナポレオンだったからかもしれない。

しかしもちろんミル・フイユとナポレオンは何の関係もない。ナポレオンがミル・フイユを愛好したという事実はないし、ナポレオンの側近で美食家でもあったタレーランが身内ともいえるカレームにミル・フイユを作らせて皇帝に献上したという話も寡聞にして聞いたことがない。

ひとつ手がかりになりそうな古いレシピがある。一八四五年にフランスで出版された『オフィス概論』という書物に掲載されたもので、その菓名はガトー・ナポリタン。念のために断っておくとこの書名にあるオフィスというのはビジネスマンが仕事をするオフィスではない。当時の大規模な厨房では料理人が調理をするキュイジーヌとは別に、食卓を飾るための演出を準備したりデザートを用意するためのオフィスと呼ばれるセクションがあった。そこはパティシエの主な仕事場でもある。

それはともかく、この本に書かれたガトー・ナポリタンの作り方は次のようなものだ。

まず、パスタフロールの生地を一・五ミリほどの厚さに伸し、表面に卵を塗り粉砂糖を振ってから直径五センチの円形に切り抜く。バターを塗った紙の上に置き、焼き上げる。表面にアプリコットのマーマレードを塗り、四枚もしくは五枚重ねにする。一番上の面にグラス・ロワイヤル（粉砂糖と卵白を練り合わせたもの）を塗る。

パスタフロールというのは現在でもパスタフローラの名前で南米あたりではよく知られたお菓子だが、パスタという菓名からもわかるようにもともとはイタリアが発祥の地である。ベースとなる生地はアーモンドの入ったクッキー・タイプのもので、この生地を使って作るところからガトー・ナポリタン（ナポリはもちろんイタリアの有名な観光地）の名前がついたものと思われる。その生地をごくごく薄く伸して焼き、アプリコット・ジャムを塗って四、五枚重ねるというのだから、生地はフイユタージュではないけれど、これはほとんどミル・フイユと同じと考えて差し支えない。実際にこの本のレシピの最後にはこんな文言もある。

これはミル・フイユと呼ばれるお菓子を模したジャンルに属する。

ナポリタンとナポレオン。この音の類似に注目したい。この類似とガトー・ナポリタンとミル・フイユの形状の類似にはどうも関連がありそうだ。

というわけでちょっと強引だが、ナポリタンという平凡な菓名がアメリカでナポレオンというインパクトの強い菓名に転じ、さらにガトー・ナポリタンの本家とも言うべきミル・フイユそのものを指すようになった、と考えてもそう見当はずれではないように思える。

実は、先に触れた『実用料理大辞典』の中でもファーヴルがミル・フイユの説明の後でこんな注釈を付けている。

このお菓子はパート・フロール（＝パスタフロール）でも作ることができる。この場合の菓名は特にガトー・ナポリタンと呼ばれている。とは言うものの、飾りや生地や詰めものや名前がつけられたいきさつなどは、たいした問題ではない。なぜなら、私がこの本に書いたものだけが真のミル・フイユなのだから。［＊カッコ内は筆者］

ファーヴルはどうやらガトー・ナポリタンを真のミル・フイユとは認めていなかったようだ。

フイユタージュの源流を訪ねる

ヴォローヴァンやミル・フイユに用いられるフイユタージュ。これはいつどこで誰によって作り出されたものなのだろう。

これにも幾多の伝説がある。ということは、はっきりしたことはわかっていないということだ。数ある説の中でももっとも一般受けし、したがって各種の資料で好んで紹介されているのは、やはり何と言ってもクロード・ジュレ説だろう。

クロード・ジュレはル・ロランという別名でも呼ばれていた。クロード・ロランといえば一七世紀のフランスを代表する有名な画家である。その有名人がフイユタージュの発明者だというのだから、皆が跳びつくのも無理はない。

クロード・ジュレは若い頃にパティシエ修業をしていた。これはよく知られた事実である。だが、ここから先は伝説だ。

見習い時代も終わりに近づいた一六一五年、彼はパン・トゥレを改良しようと生地とバターの組み合わせについて飽きることなく試行錯誤を繰り返していた。そんなある日、たび重なる失敗を経て偶然にできあがった生地はそれまでにない風味と食感を持ったものだった。彼は満足を覚え、その新しい生地にフイユタージュという名前をつけた。

1600 Createur du Feuilletage en 1615 1683
CLAUDE GELÉ, dit LE LORRAIN
Pâtissier et peintre.
C'est à la fin de son apprentissage qu'il trouva en 1615 le feuilletage par un essai de pâte à pain tourré avec du beurre.

ピエール・ラカンの『パティスリーの新覚書』に掲載されたクロード・ジュレの肖像。下部にフイユタージュを創作したときの由来が書かれている。

洋菓子の歴史家としても名高いパティシエのピエール・ラカンの『パティスリーの新覚書』という書物にもジュレの肖像画とともにこのエピソードが紹介されている。というより、もしかしたらジュレ説を世に広めた張本人がラカンだったのかもしれない。もちろんラカンはエピソードの根拠となる文献など示していないから、真偽についてはこれ以上たどることはできない。

別の説によると、フイユタージュの発明者はコンデ公のパティシエを務めていた、その名もフイエ(Feuillet)であるという。だが、残念ながらフイエ氏が実在したという証拠はどこにもない。

さらには一六世紀にイタリアからフランスに嫁いできたカトリーヌ・ド・メディシスがフイユタージュ

をもたらしたのだという説もある。

　こうしたあまたの伝説はさておいて、実際にはフイユタージュと似た菓子は世界中の各地にあり、それらが時に混ざり合い、時に改良を加えられながら徐々にフランスに浸透して現在のフイユタージュに結実したのだというのが、まあ、無理のない説明であろう。

　たとえばトルコを中心とするアラブ諸国で作られているバクラヴァはフイユタージュの原型のような生地だし、あるいはさらに時代をさかのぼって古代ギリシャや古代ローマ、ビザンティンなどにも同様の生地があったらしい。

　大変興味深いことに、中国にも似たような生地が大昔からある。

　中国菓子の基本的な生地に酥皮（スーピー）というのがあるが、これは小麦粉にラードと水を混ぜて練り合わせた油皮（ヨーピー）と、小麦粉にラードを加え水は加えずに練り合わせた油酥（ヨースー）とを交互に重ねて伸していくもので、これを焼くと層になった形状とサクサクした食感が得られる。そう、まさしくフイユタージュである。中秋の頃の行事菓子としてよく知られた月餅もこの酥皮を使って作られる。

　この酥皮がシルクロードを通って中東に伝えられ、そこでバクラヴァなどのお菓子に変貌した後、十字軍の遠征などによってヨーロッパに持ち込まれ、ついには優れたパティシエの手でフイユタージュへと昇華した、なんて仮説はどうだろう？　大言壮語の大法螺吹きと叱られそうだが、中国とヨーロッパが地続きだということを思い出してほしい。事実、お菓子に限らず、そんな例はいくらでもあるのだ。この仮説だって単なる突拍子もない妄想に過ぎないと誰が言い切ることができるだろうか？

　まあもちろん、単なる突拍子もない妄想に過ぎない可能性も否定はしない。

それはさておき、そのルーツがどこであれ、フイユタージュが最後にフランスにたどり着いてそこで大いなる発展を遂げたのは私たちにとって幸いというべきである。おかげで一九世紀から二〇世紀にかけてフイユタージュを使ったおいしい洋菓子が次々と生まれ、私たちの舌に喜びを与えてくれた。

フイユタージュから作られる銘菓は数多くある。ちょっと思いついただけでも、パルミエにピティヴィエ、ピュイ・ダムール、フイヤンティーヌ、サクリスタン、ポン・ヌフ、コンヴェルサシオン、ミルリトンと本当にキリがない。

その中でちょっと地味だけどなかなか味のある一品を紹介しよう。

菓名はジャルジー（Jalousie）。長方形のフイユタージュにりんごなどのフルーツをのせ、その上にさらに長方形のフイユタージュを被せて表面に幾筋もの切れこみを入れて焼いたプティガトーである。

ジャルジーという言葉をフランス語の辞書で引くと二つの意味が書いてある。ひとつは「嫉妬、やきもち」である。英語のジェラシーはこのフランス語に由来するものだ。そしてもうひとつは「よろい戸、ブラインド」。お菓子のジャルジーを見れば、この名前が二番目の意味からとられたことが一目でわかるだろう。さすがフランス人、なかなかしゃれた命名ではないか。

しかし、ここでまた何にでも疑問を抱くという悪い癖がムクムクと頭をもたげる。

どうしてブラインドのことをジャルジーと言うんだろう？

この点について明快に答えてくれる辞書はなさそうだが、あまり信用できない説としてこんなのがある。

夫の浮気を疑った妻が証拠を握ろうとある夜更けに相手と思《おぼ》しき女の家に出かけていった。家の中に入ることはできないので、周囲をうかがっているうちに明かりのついた窓を見つけた。当然こっそりと中を覗いてみる。窓にはブラインドが降ろされていて、そのわずかな隙間から中の様子がほんの少しだけ見える。人がいて何かしているようだが、何をしているのかそこまではわからない。見えそうで見えないブラインド。妻の嫉妬心は中途半端に視界をさえぎるブラインドゆえに、ますます募るばかりだった。こうしてブラインドと嫉妬が結びつけられたのである。

これはいわゆる俗説、三流週刊誌の記事のようなものだ。だが、なかなか穿《うが》った意見であることは認めよう。お菓子のジャルジーに当てはめてみても、表面のフイユタージュの切れ込みから中を覗いたときに、そこに入っているフルーツがりんごなのか洋梨なのか桃なのかアンズなのか、見えそうで見えないだけに余計に想像力をかき立てられて早く食べてみたくなるということがないとは言えない。そう考えるとジャルジーというのも単純なようでいて案外奥深い菓名に思えてくるから不思議なものである。

このお菓子の名付け親が誰であれ、そこまで計算して命名したのだとしたらそのすばらしいセンスには感嘆を禁じえない。

あるいは真夜中にジャルジーの隙間を覗かねばならないような経験をしたことでもあったのだろうか。そうだとしたらそれはそれでやはり感嘆を禁じえないことではある。

column

伝説の中に真実あり
——カレームのシャルロット

数ある洋菓子伝説ではおなじみの銘菓の創造主に関わる話もけっこう多い。中でも「アントナン・カレームがこのお菓子を最初に創った」というパターンが少なくないのは、やはりカレームの威光がなせる業というべきだろう。現代のパティシエにとってもカレームは神のような存在である。創造主としてこれほどふさわしい人物は他には思いつかない。

もっとも、カレームの創造神話のほとんどは根拠に乏しい。神話なのだから根拠など不要だという議論もあるだろうが、やはり根拠のない話を流布するのはなるべくなら避けたいものである。

そこで、これこそ正真正銘カレームが最初に創ったというお菓子についても紹介しておこう。

たとえばシャルロットがその一例だ。

そんなふうに断定的に書くと、どこからか「いや、シャルロットはカレーム以前にもあった」という反論が聞こえてきそうだが、それはそのとおり。カレーム以前にもシャルロットはあった。

たとえば、一八一四年に出版されたボーヴィリエの『料理人の技法』には「りんごのコンフィチュール（ジャム）のシャルロット」というお菓子の作り方が載っている。これによると、「帯状に切ったパンを敷き詰めた型の中にりんごのコンフィチュールを詰めてオーブンで焼き、温かいまま供する」とある。これはカレーム以前のシャルロットのごく一般的なスタイルである。

カレームはこのスタイルに満足できなかっ

シャルロット・ア・ラ・パリジェンヌ

た。彼の真骨頂は革新にある。古臭いシャルロットに手を加えてまったく新しいお菓子に変身させる。そのためにカレームはさまざまな素材の組み合わせを追求し、そしてついにその答えを見つけ出した。

『パティシエ・ロワイヤル・パリジャン』に収められたシャルロット・ア・ラ・パリジェンヌの作り方を見てみよう。

型の中にビスキュイ・キュイエールを隙間なく敷き詰め、その中にフロマージュ・ババロワを流し入れてから周りを氷で四〇分間冷やし、型から抜いて供する。

この作り方はそのまま現代のシャルロットに通じる。ボーヴィリエのシャルロットは、その形態こそ共通するものがあるように見えるけれど、内容的にはカレームのシャルロットとまったく異なるお菓子である。つまり、ビスキュイ・キュイエールを使った現代風のシャルロットは、まさしくカレームの手によって生み出されたものなのだ。

ちなみに、ここに出てくるフロマージュ・ババロワはチーズとは関係がない。カレームはババロワのことをフロマージュ・ババロワと呼んでいたのである。

カレームは作り方に続けて、こんなことを書いている。

> 人によってはこのシャルロットをア・ラ・リュス（ロシア風）と呼んでいるが、私はア・ラ・パリジェンヌと名付けた。というのも、そのアイデアを最初に思いついたのが（パリの）私の仕事場だったからだ。［＊カッコ内は筆者］

この一節から、シャルロット・ア・ラ・リュスという名称が（定説と異なり）カレームによって与えられたものではないということに加えて、シャルロット・ア・ラ・パリジェンヌがカレームのアイデアに基づいて創作されたものであることがわかる。

さらに、カレームとほぼ同時代のパティシエであるルブランも自著の『パティシエの手引き』（一八三四）の中のシャルロットの説明で、「上等な食事の席に必ず出されるこの魅力的なアントルメは、カレームが考え出したものである」と書いている。伝説必ずしも妄説にあらずという、これはその実例と言えるだろう。

いずれにしても、カレームのシャルロットが世に出たことで、ボーヴィリエの時代にあったそれまでのシャルロットは姿を消した。革新が旧弊を駆逐した形だが、こうした例は拡大解釈されやすい。シャルロットがカレームの創作なら、他にもきっとあるに違いない。そんな期待が何でもかんでもカレームを創作者に祭り上げるという安易な風潮につながったのも、また事実である。

episode
6
ザッハトルテ
Sachertorte

一九一〇年に私の両親は〝若きメダルダス〟の初演を観劇するためにウィーンに行った。今回の滞在先はザッハ・ホテルだった。

……数多くの客室を持つ由緒あるホテルの女主人である伝説的なザッハ夫人は、太い葉巻をたしなむという奇妙な習慣を持つ人物だったが、黒い絹のドレスに身を包み、髪に大きな巻き毛を着けて、素敵な若犬を周りにじゃれつかせながらホテル中の部屋やレストランを毎日隈なく見て回るのだった。

政情不安なこのような時期にあっても、ザッハ・ホテルはあの有名なザッハトルテとともに最高の牛肉を出しており、どの給仕たちも洗練された長老のように振る舞っていた。

ブリジット・B・フィッシャー『わがヨーロッパの遺産』（一九八六）から

ザッハ家のふたつの野心

パリと並んで洋菓子の宝庫とも言うべきウィーン。

一三世紀から二〇世紀までの六五〇年間にわたってヨーロッパ全土に絶大な影響力を及ぼしたハプスブルグ家の帝都として隆盛を誇ったこの大都会では、そのきらびやかな歴史の幕間に数々の銘菓が生み出されてきた。中でもザッハトルテは、誕生にまつわる逸話をはじめとするさまざまな話題に彩られているという点でも、また今日においてもなお衰えることなく国際的な人気を得ているという点でも、まさしくウィーン菓子を代表する傑作と言ってさしつかえないだろう。

世界中のチョコレート菓子の中でもっとも有名なこのお菓子は、重厚なチョコレート・スポンジをやはり濃厚な味のチョコレート・グレージングで覆っただけのきわめてシンプルな製品である。保存性が高く長距離の輸送が可能であるという特性から海外への輸出も盛んに行なわれ、単にウィーンやオーストリアに限らず世界の各地に強力なファンを有していることは、洋菓子に関心のある人であれば誰でも知っている事実であろう。

おもしろいことに、その味覚に関しては国によって評価が分かれ、一定していない。ヨーロッパの多くの国、たとえば英国やフランスではこのお菓子は美味ではあるけれどいささか甘すぎると感じる人が少なくないらしい。確かに本体のチョコレート・スポンジだけでもかなり濃厚なのに、それを覆っているグレージングは、これはもうねっとりと舌に絡みつくような甘さで、ヌーベル・キュイジーヌ以来の淡白な味付けに馴らされた現代フランス人や英国人の味覚にはちょっと甘すぎると感じられるかもしれない。しかし、アメリカ人は逆である。ザッハトルテを口にしたアメリカのグルメたちの多くは、チョコレートの濃厚な風味には満足しながらも、もう少しだけ甘ければもっと完璧なお菓子になっていたのに、とその甘み不足を惜しむのだという。まあ、アメリカ人がお菓子と称するものを思い浮かべてみれば、この感想も驚くには当たらない。

それはともかく、それほどまでに有名なザッハトルテだから、当然このお菓子には数多くのエピソードが(それこそ伝説めいたものまで含めて)まとわりついている。

何よりもまず、その誕生にまつわる逸話自体が伝説の領域である。ザッハトルテは、いつ、どこで、誰によって創作されたのだろう。ある料理辞典にはこんな説明がある。

ザッハトルテ。有名なウィーンのお菓子で、メッテルニッヒ宰相の製菓長であったフランツ・ザッハがウィーン会議(一八一四〜一八一五年)に際して創作した。

この料理辞典はなかなか権威あるものなのだが、いくらなんでもこの説明はひどい。なぜなら、フランツ・ザッハが生まれたのは一八一六年一二月一九日、つまりウィーン会議よりも後のことだからだ。いかなる大天才といえども、まだ生まれてもいないうちにお菓子を創作するなんてことは、少なくとも私たちが生きているこの普通の世界ではありえない。

一方、英国のオックスフォード大学出版局から出されている、これも権威ある『オックスフォード食品必携』（一九九九年）の説明はこうだ。

ザッハトルテ。有名なオーストリアのお菓子で、ドイツ語圏諸国において祝祭に際して食べられる。これを最初に作ったのはメッテルニッヒ宰相の料理長であったフランツ・ザッハで、一八三二年のことである。

ここに書かれているフランツ・ザッハが一八三二年に創作したという記述は、ザッハトルテの創作に関する説明として、現代における定説と言って良いだろう。書籍であれウェブサイトであれ、ザッハトルテについて書かれた資料のほとんどがこの説によった説明をしている。中にはフランツ・ザッハの身分をメッテルニッヒの料理長ではなくその下で働く料理人としているものもあるが、それは瑣末なことで、フランツ・ザッハという創作者の名前と一八三二年という創作時期については、これは確固たる事実で動かしようがないように見える。

だが、洋菓子の伝説に慣れ親しんだ者にとって現代の定説は常に懐疑の対象である。ザッハトルテは、果たして本当にフランツ・ザッハが一八三二年に創作したものなのだろうか？

まず瑣末な点から検証してみよう。フランツ・ザッハはメッテルニッヒ宰相の料理長であったのか？この答えは明らかに「否」である。なぜか？

それを確かめるにあたっては、定説のもうひとつのポイントである創作時期、すなわち一八三二年という年が関わってくる。

前述のようにフランツ・ザッハは一八一六年一二月の生まれである。つまり、ザッハトルテを創作したという一八三二年にはおそらく一六歳にもなっていなかった。いくらこの時代のパティシエやキュイジニエが年少の頃から修業を始めていたとはいえ、ヨーロッパの有力な一国の宰相の料理長の重責をわずか一五歳の少年に任せるなどということは考えられない。

次の検証に移ろう。ザッハトルテは一八三二年に創作された。これはどうだろう?

ここで思い出すのはクレープ・シュゼットとその創作者とされるアンリ・シャルパンティエのことである。シャルパンティエがこの有名なデザートをたまたま創作したと自らの回顧録で書いているのは、彼が一六歳のときのことだという。これに反論する論者はこの年齢の低さを問題にして、一六歳の少年が英国王太子のかたわらで単独で給仕することなどありえるだろうか、と疑問を呈したのだった。この疑問をもう一度繰り返そう。

一五歳の少年がメッテルニッヒ宰相のためにザッハトルテを創作したなどということがありえるだろうか?

これに答える前に、そもそもこの一八三二年説が何を根拠に導き出されたものなのか、それについて触れておく必要があるだろう。

根拠とされるのは一八八八年の日付があるエデュアルト・ザッハ、すなわちフランツの息子が書いたとされる手紙の一節である。文面は次のとおり。

ザッハトルテは私のいまだ存命の父が創作したものです。父はそのお菓子を、彼が料理技術のすべてを習得した老メッテルニッヒ公の厨房で創り出しました。今から五六年前に食卓に供したとき、それは参席者の賞賛の的となり、父は公より大いに讃えられることになったのです。

これを読む限り、フランツ・ザッハが一八八八年の五六年前、すなわち一八三二年にメッテルニッヒの食卓のためにザッハトルテを創作したことは疑う余地がないように見える。

しかしその一方で、食文化史を専門とするジャーナリスト、マイケル・クロンドルは自著『スイート・インベンション』(二〇一一年)の中で、この根拠には大いに疑問があると指摘している。彼の論証に沿ってこの疑問をたどってみよう。

一九〇六年一二月二〇日付の『日刊新ウィーン新聞』紙にはフランツ・ザッハ氏の九〇歳の誕生日を記念して彼のインタビュー記事が掲載されている。その中でフランツはザッハトルテに触れ、それを創作したのは一八四〇年代の終わり頃だったと示唆しているというのである。

フランツの父親はメッテルニッヒの資産管理人を務めた人物で、その口ぞえでフランツは一八三〇年頃にメッテルニッヒの厨房に職を得た。そこで二年あまりの見習い修業をした後、彼はメッテルニッヒの館を辞してエステルハジー伯爵夫人の厨房を任されていたフランス人シェフ、アンペール氏のもとに移った。その後、一族の別の伯爵の下で仕事をしているときに彼の料理が実業家でもあるグラフェネク伯爵の目に留まった。伯爵はセルビアのブラティスラバでカジノを経営しており、フランツにカジノの厨房で腕を振るうチャンスを与えてくれた。いまだ二〇代の野心溢れるフランツはそのチャンスを逃さなかった。彼はブラティスラバでカジノのレストランの料理を担当する一方、その大きな街一帯のケータリング（出張料理）サービスにも精を出した。丈夫で日持ちのする、つまりケータリングに適したトルテを創作したのはその頃のことである。

これが九〇歳になったフランツ・ザッハがインタビューで回想している真実であるとクロンドルは書いている。実際にフランツは長期にわたってブラティスラバやブダペストなど国外の都市に留まり、ウィーンに帰ったのは一八四八年のことである。フランツ自らが語っている一八四〇年代終わりというザッハトルテの創作時期は、彼のキャリアから見て大いにありうることのように思える。少なくとも、一五歳の少年がメッテルニッヒの要請で創り出したというストーリーよりは説得力があるのではなかろうか。

しかし、だとすると一八八八年のエデュアルトの手紙というのはいったい何なのだろう？

これに関してもクロンドルが重要な指摘をしている。

この手紙は『ウィーン時報』という政府広報誌の一八八八年五月の号に掲載されたコラムに対応して書かれたものとされている。そのコラムにはウィーン料理におけるあらゆる偉大なスペシャリティがリストアップされているのだが、なぜかザッハトルテはまったく無視されており、それがエデュアルトには我慢できなかったというのだ。このエデュアルトの反応には特に奇妙な点はない。奇妙なのは、『ウィーン時報』の一八八八年五月の号にも四月の号にも、さらには六月の号にも、どこにもそんなコラムは見当たらないということである。そればかりではない。エデュアルトが書いたとされる当の手紙の現物がこれまでいっさい確認されていないのだ。これはいったい何を意味しているのだろう？

クロンドルの推測は、すべてエデュアルトが作り出したプロパガンダ、つまり宣伝用のストーリーでは

1890年のホテル・ザッハ。この頃はまだホテルの名前は“Hôtel de l'Opéra”だった。この少し後に創設者の名前をとって改名されたのである。1階にエデュアルト・ザッハの名前を冠したレストランがあり、ここでザッハトルテが供されていた。

ないかというものだ。

エデュアルトは料理人でもパティシエでもなく、純粋な経営者だった。この手紙に先立つ一八七六年に彼はホテル・ザッハを創設しており、その経営を軌道に乗せることにやっきになっていた。今と違ってマス・メディアによる宣伝が未発達であった当時にあっては、人びとの話題に上ることが何よりの宣伝である。そんなエデュアルトの戦略に父親が創作したチョコレート菓子はぴったりとはまった。フランツがメッテルニッヒの厨房で働いていたのは紛れもない事実である。メッテルニッヒといえば一九世紀半ばまでの最盛期のオーストリア帝国にあってもっとも影響力を有した人物である。そのオーストリア帝国も一九世紀半ば以降は次第に勢力が衰えて、一八六六年のプロイセンとの戦争の大敗北を契機にドイツ連邦諸国への影響力を一気に失ってしまった。国力低下は国民を自信喪失に陥らせ、その反動で古き良き時代へのノスタルジーへと駆り立てる。メッテルニッヒの頃は本当に良かった。強きオーストリアを象徴する偉大な指導者、メッテルニッヒ。かつてヨーロッパの列強諸国ですら一目置いたその名前には、ウィーンの人びとに力と勇気を与える響きが備わっていた。エデュアルトはそこに着目したのである。

父親がメッテルニッヒ公のもとで働いていたのであれば、ひょっとして宰相からじきじきに客人をもてなすためのおいしいお菓子を作るよう要請されたことだってありえたのではないか。それが実際にあったかどうかなんて、そんなことはどうでも良い。父親がメッテルニッヒ公の料理人であったその事実こそが重要なのだ。そしてその時期は一八三二年でなければならない。なぜならその年のすぐ後にフランツはメッテルニッヒ公のもとを離れてしまったからだ。

こうしてストーリーはエデュアルトの思惑に沿って書き換えられた。

メッテルニッヒ公が愛したそのチョコレートケーキこそ当ホテルのスペシャリティであります。あなたもぜひメッテルニッヒ公が味わったこのお菓子を当ホテルで味わってみてはいかがでしょうか？

果たして、エデュアルトの目論見は功を奏した。それまでウィーンでもあまり知られていなかったザッハトルテの名前が一気に広がったのである。それと同時にホテル・ザッハの名声も急速に高まった。

このクロンドルの推測が的を射たものかどうかはわからない。しかしその後の結果を見れば、ザッハトルテがホテル・ザッハの隆盛に果たした役割は限りなく大きかったといわざるを得ない。目的はそれぞれ違っていても、ともに野心家であったフランツとエデュアルトの親子。両者が意図的に連携したかどうかは別として、ふたつの野心はザッハ家の成功という一点で見事に融合したのである。

やはり血というものは争えないものではないか。

甘い戦争

ザッハトルテは二〇世紀に入ってもう一度有名になる。しかし、今度はメッテルニッヒとはいっさい関係ない。まったく別の要因によるものである。ウィーンを代表するこのチョコレート菓子は、法廷という衆人環視の場を戦場とする長く不毛な争いに巻き込まれたのである。

エデュアルト・ザッハは父親より先に死んだ。一八九二年のことである。ホテル・ザッハの経営権はエデュアルトの妻であるアンナ・マリアに移った。

アンナ・マリア・ザッハはいろいろな意味で著名人であった。夫の後を継いだホテル経営で見せたその辣腕ぶりも彼女の存在を引き立たせたが、私生活における当時の女性としては一風変わった嗜好が何かと口さがない世間に格好の話題を提供し、あたかもホテル・ザッハに君臨する女帝でもあるかのごとき伝説を育んだのである。

中でもアンナ・マリアの二つの趣味が人びとの目を引いた。

ひとつは彼女が絶えず燻《くゆ》らせていた葉巻で、当時はもちろん現代であっても葉巻を嗜《たしな》む女性にはあまりお目にかからない。一九世紀末から二〇世紀初めにかけてのウィーンの社交界で注目の的になったであろうことは容易に想像がつく。

もうひとつは二匹の小型のフレンチ・ブルドッグである。アンナ・マリアはこの二匹の犬を「ザッハ・ブリーズ（ザッハのブルちゃんたち）」と呼び、彼女の行くところにはどこにでも連れて行った。

世界的な不況と忍び寄る戦争の影で世情は不安に満ち満ちていたが、そんな中でもアンナ・マリアの経営のもとでホテル・ザッハはますますその輝きを増していた。ホテルの主な顧客は貴族や政府高官などのいわゆるセレブリティで、国内外を問わず綺羅星のごとき高名な人士が夜な夜なホテル・ザッハのレストランに現れて、ウィーンで最高といわれるそのガストロノミーを堪能したのである。また、ホテルは政治上の、あるいは外交上の重要な歴史的舞台としてもしばしば利用された。

それはアンナ・マリアの望むところでもあった。というのも、彼女はもともと上流志向の強い女性であったからである。しかし皮肉なことに、その上流志向の強さがかえってザッハ家の成功に大きな影を落とす一因となった。

その兆候は、ホテルの顧客としてセレブリティ以外の一般市民の利用を拒否するようになったときからすでに現れていた。加えて、折からの不況とハプスブルグ帝国の崩壊がホテル・ザッハの凋落に拍車をかけた。零落した貴族たちにはもはやホテル・ザッハの最高級の料理ともてなしを享受するだけの余裕がなく、政治や外交の舞台として脚光を浴びた栄光の日々もすでに過去のものとなっていた。アンナ・マリアはそんな窮状の中でさえセレブリティを優遇するという方針を改めず、経済的に困窮した貴族には援助の手すら差し伸べた。当然の帰結として、ホテル・ザッハは一九二〇年代の終わりには財政上の大きな問題を抱えることになった。

アンナ・マリア・ザッハ（1859〜1930年）。2匹のザッハ・ブリーズもちゃんと写っている。

アンナ・マリアのせめてもの救いは、ホテル・ザッハの財務的な困難を解決するために自ら尽力する必要がなかったことである。彼女は逼迫《ひっぱく》した財政を、おそらくさほど憂慮することもなく、一九三〇年二月に息を引き取った。

彼女の死後、ホテル・ザッハの経営は父親と同じ名前を持つ息子のエデュアルトに引き継がれた。

さて、ここまではザッハトルテを巡る甘い戦争の序章。いよいよこの後、五〇年間におよぶといわれる悶着劇の幕が上がるのである。

エデュアルト二世が引き継いだものは、もちろんホテルの経営権だけではない。それと一緒に膨大な借金も背負い込んだ。

一九三四年にホテル・ザッハは破産宣告を受け、エデュアルトはホテルを弁護士のハンス・グリュトラーとやはりウィーンでホテルとカフェを経営していたジョセフ・シラーの二人に売却した。エデュアルトの解釈ではホテル自体は売ったがその中にはザッハトルテに関する権利は含まれていないはずだった。しかし、当然のことながらグリュトラーとシラーの側ではトルテの権利も含めて買い取ったと理解していた。この解釈の違いがその後の裁判の原因となる。

ホテルの売却だけではエデュアルトは負債を完全には清算しきれなかった。そこで、ザッハトルテのレシピとそれを使用する権利がウィーンでもっとも有名な高級菓子店、デメルのオーナーに譲渡されることになった。

こうしてウィーンに二つのザッハトルテが登場することになったのである。

蛇足ながら、このあたりの事情に関しては諸説が入り混じっており、いささか混乱した様相を呈している。たとえばこんな説がある。

エデュアルト二世はデメルのオーナーの娘と結婚した。デメルのオーナーはどうやら秘伝のザッハトルテのレシピをベッドの中で手に入れたいと考えたようだ。その結果ザッハトルテのレシピがデメルの手中に収められた。

これはまあ極端な俗説でほとんどデタラメに近いが、どうしてこのような俗説が生まれたのかと言えば、二人のエデュアルト・ザッハの存在に加えて二人のアンナの存在が入り乱れて論者にいらぬ混乱を与えたせいだと推測される。エデュアルト二世がザッハトルテのレシピを売り渡したデメルの当時のオーナーは実は女性で、その名をアンナといったのである。もちろんアンナ・マリアとは別人であるが、確かに紛らわしい。

人は苦い真実よりも甘い嘘を好む、という格言があるが、こうした俗説はさしずめその格言を実証する格好の例と言って良さそうだ。

それはともかく、ホテル・ザッハを買い取った共同経営者のひとりが弁護士だったことを思い出していただきたい。彼、ハンス・グリュトラーにとって法廷闘争はお手の物である。ザッハトルテの権利を巡ってホテル・ザッハとデメルの間で裁判沙汰になったのは、むしろ必然の結果であった。

裁判はグリュトラーがホテルの訴訟代理人となって起こされた。このときの争点は、どちらのザッハトルテに「オリジナル」の名称を付与しうるかということだった。つまり元祖争いである。この裁判は一九三八年に結審し、ホテル側に有利な判決が下された。このとき以来、デメルのザッハトルテは「エデュアルト・ザッハトルテ」の名前で売られるようになる。

これで一件落着かと思いきや、これは実は始まりにすぎなかった。第二次世界大戦が終結して世情も落ち着いた一九五〇年代に入ってザッハトルテを巡る裁判は再燃、第二ラウンドが開始されたのである。ただし、今回の争点は名称のオリジナリティではなく、お菓子そのもののオリジナリティに関わるものだった。

この裁判は数次にわたり、なんと四〇年あまりも続いた。最終的に決着がついたのは一九九三年のことである。

ザッハトルテというきわめてシンプルなお菓子の何を決めるのにそんなに膨大な時間を必要としたのだろうか?

ザッハトルテを構成する要素は、本体のチョコレート・スポンジと表面にかけるチョコレートのグレージングのほかに、実はもうひとつある。アプリコット・ジャムである。

このアプリコット・ジャムの位置が裁判の最大の争点であった。つまり、ホテル・ザッハのザッハトルテは本体を二段に切り分けてアプリコット・ジャムをサンドし、さらに全体にグレージングをかけているのに対して、デメルのザッハトルテは本体は一段で表面全体にアプリコット・ジャムを塗り、その上からグレージングで覆っているのである。このどちらのザッハトルテがフランツ・ザッハが創作したもともとのオリジナルを継承したものか、それを裁判で長々と争ったのだった。

なんだくだらない、と言うなかれ。はた目にはいかに馬鹿げて見えようとも、当事者にとってこれは死活問題なのである。なにしろ、世界中の国ぐにに向けて年間三〇万個から四〇万個も販売されている製品なのだ。そのビジネス規模の巨大さを考えれば、たかがアプリコット・ジャムと言って簡単に片付けるわけにはいかなかったのだろう。

それにしても、こんなどうでも良いようなことで訴状が持ち込まれ、何十年もかけて審理しなければならなかったのだから、裁判所もさぞかし大変だったに違いない。裁判官もいいかげんうんざりしたのか、最終的に下された判断は勝ち負けのはっきりしないものだった。すなわち、ホテル・ザッハのザッハトルテがもともとのザッハトルテに沿ったものであると認められ、その製品に引き続き「オリジナル」の名称を付けることが許されたのだが、一方でデメルのザッハトルテも「オリジナル」の名称を付けなければ販売してもかまわないことになったのである。要するに裁判を起こす前と実質的には何も変わらなかったわけだ。

この結果、「オリジナル」の呼称をつけなければ、どの菓子店でもザッハトルテを売ることができるようになった。現在、ウィーンのさまざまな菓子店でザッハトルテが売られているのはそのためである。

ホテル・ザッハの公式ウェブサイトには「オリジナル」ザッハトルテの専用ページが設けられ、そこには「一八三二年にメッテルニッヒ公うんぬん」のストーリーがさも事実であるかのように紹介されているが、一方のデメルの公式ホームページの記述にはザッハトルテに関するエピソードの類はいっさいない。ただ、オンライン・ショップの中でアイテムのひとつとしてデメルズ・ザッハトルテがリストアップされてるだけだ。もはやそんなことはどうでも良い、そう言いたげな素っ気なさである。

「オリジナル」ザッハトルテのレシピは今もホテル・ザッハの支配人室の金庫の中に厳重に保管されており、ごく限られたスタッフ以外はそれを見ることが許されないという。まるで国家の軍事機密でもあるかのように。

しかし、そうまでしてホテル・ザッハが守ろうとしているのは、おそらくレシピそのものではない。なぜならザッハトルテはきわめてシンプルなお菓子であり、命を懸けて守らなければならないほどの秘法があるとはとうてい思えないからだ。事実、ザッハトルテのレシピと称するものはフランツ・ザッハの存命中から今日にいたるまで数え切れないほどの製菓書で紹介されており、その中にはむしろ「オリジナル」ザッハトルテを味覚の点で凌ぐと思われるものも少なくないのである。

だから、ホテル・ザッハが金庫に封じ込めて守ろうとしているのは、レシピよりもむしろ「オリジナリティ」と「プライド」という抽象的な概念なのだろう。結局のところ、彼らが長い時間と莫大な費用を費やして獲得したものはそれだけなのだから。

episode

7 マドレーヌ

Madeleine

冬のある日、家に帰ると母は凍えているわたしを見て、わたしが普段は飲まないお茶を勧めてくれた。最初は断ったのだが、そのあと特に理由もなく、わたしは気が変わった。母は、もろくてぽっちゃりとしたプティット・マドレーヌという小菓子を出してくれた。それは巡礼者が携えている細長い帆立貝の貝殻でかたどったような形をしていた。やがて、無為に過ごした一日のあとの憂鬱な明日への予感に倦怠を覚えながら、わたしは無意識のうちにお菓子の小片を浸した茶をスプーンで口に運んだ。温かな飲み物とお菓子が味覚に触れた途端、わたしの全身に震えが走った。

マルセル・プルースト『失われた時を求めて』(一九一三)から

小さな村の偉大なお菓子

現代でこそフランス菓子といえばジャンルも豊富で味覚的にもデザイン的にも多種多様なアイテムが出回っており、菓子店の店頭でどれを選べば良いか迷ってしまうほどだが、一九世紀の半ばまでは決してそうではなかった。パリの一流パティシエの店においてすら店頭に並ぶお菓子の種類は少なく、店の雰囲気も華やかというよりむしろ単調なものであった。というのも、当時のパティシエの仕事の大部分はパテやタルト、タンバル、ウブリといった焼き菓子で占められており、色鮮やかな装飾とは無縁であったからである。

もちろん、その頃でもプティフールというジャンルはあり、これは現代フランス菓子のプティガトーに相当するものだが、その内容はといえばグリモ・ド・ラ・レニエールの『食通年鑑』にも記述があるように、メレンゲやジェノワーズ、マンケ、プロフィトロール・ショコラ、ピュイ・ダムール、ビスコット、パン・ア・ラ・デュッシェス、ジャルジー、ダン・ド・ルー、フイヤンティーヌなど、すべて焼き菓子系、現代でいうところのガトー・セック（乾き菓子）もしくはガトー・ドゥミ・セック（半生菓子）であった。

これはまあ、パート（焼き菓子用の生地）を使って作ったものをパティスリーと言い、そのパティスリーを扱う職人をパティシエと呼んだという本来の意味を考えればごく当然のことだろう。言い換えるなら、こうした焼き菓子はかなり古い時代から作られてきた、いわば現代のフランス菓子が宝石のような華麗できらびやかなスタイルを獲得する以前のフランス菓子の原型とも言うべきものであると言うこともできる。

フランスは新奇なものにすぐに跳びつく一方で伝統的な文化も大事にするという二面性を持った国なので、幸いにして原初の形態をとどめた昔ながらのフランス菓子の多くがいまだに健在である。

その代表ともいえるのが、今回のテーマであるマドレーヌである。

マドレーヌ。これも一八世紀から知られる古いお菓子のひとつで、その由来については例によって諸説があり定かではない。

製法はきわめてシンプルだ。基本的な材料は小麦粉と砂糖と卵とバターだけ。多少のバリエーションはあるけれど、材料も製法も二〇〇年以上にわたってほとんど変わっていない。変わっているとすればその外見だが、古いマドレーヌがどのような形をしていたのか、明確に知る資料が残されていないので、これについてはあくまでも推測に過ぎない。

いずれにしても、これだけシンプルだといつどこで誰が最初に作ったとしても不思議ではない。それなのにフランス菓子の代表格としてその名前が広く知れわたっている。伝説が生まれる素地が備わっていると言えよう。

カレームの『パティシエ・ロワイヤル・パリジャン』にもレシピが載っている。

小さめのレモン二個の表皮を砂糖の塊ですりおろす。この砂糖を細かくつぶし、適量の粉砂糖と混ぜる。これをキャスロール（鍋）に九オンス入れ、ふるった小麦粉八オンスを加える。さらに卵黄二個と全卵六個、大さじ二杯のブランディ、少量の塩を加えて木杓子で混ぜる。生地が滑らかになったらさらに一分間混ぜ続ける。小さな手鍋に一〇オンスのバターを入れて溶かし、しばらく置いてクラリフィエ（上澄み）をとる。少し冷ましてからマドレーヌの型の内側に塗る。残りのバターを先に作った生地と混ぜ、マドレーヌの型に流し入れる。中火のオーブンで二五～三〇分間焼く。

ここにあるマドレーヌの型というのがどんなものであるかは、残念ながらわからない。ただ、材料と製法が現代のものと同じであることは見てとれるだろう。『パティシエ・ロワイヤル・パリジャン』は一八一五年に出版された書籍だが、もちろんマドレーヌはそれ以前からあった。当然、カレームが創作したものでもない。

マドレーヌの由来には先にも書いたように諸説がある。

ピエール・ラカンによれば、ナポレオンの側近として知られるタレーランの製菓長だったアビスがカトル・カール（パウンドケーキ）の生地からヒントを得て一九世紀初頭に創作し、マドレーヌと名付けたのだという。

しかし、このお菓子は実際には一八世紀半ば頃にはすでにもう知られていた。つまり、この説は成立しない。

ここで、現在ではほぼ定説になっているもうひとつの由来を紹介しよう。

一七五五年（一説によると一七五〇年）のある日、ロレーヌ公国の小さな村コメルシーにかつてのポーランド王であり当時はロレーヌ国王であったスタニスラス・レクチンスキーが滞在することになった。スタニスラスは大食漢かつ美食家として知られた人物である。当然、コメルシーの領主は精一杯のもてなしをしようと最高の料理を用意した。しかし、こともあろうにデザートを担当するパティシエが病気になってしまい、デザートの用意ができなくなってしまった。困った料理長は、窮余の一策でたまたま厨房に手伝いに来ていた若い農家の娘にデザートを作らせることにした。やがて饗宴は終わりに近づき、スタニスラスはデザートを手に取ると口に運んだ。彼の表情がみるみるうちに喜びに満ち溢れた。彼はかたわらにいた給仕長にデザートを作ったパティシエを呼ぶよう言いつけた。少ししてやってきたのはみすぼらしい身なりの若い娘だった。

「お前がこれを作ったのか?」。驚きのこもった口調でスタニスラスが言葉をかけた。

「さようでございます」。娘が答えた。

「これはいったい何という菓子なのだ?」

「特に名前はございません。わたしの家に代々伝わるお菓子でございます」

スタニスラスは興味深げにたずねた。「ところでお前の名は何と申すのだ?」

「マドレーヌと申します」。娘がかしこまって答えた。

スタニスラスはその答えに満足そうに微笑むと、娘にこう告げた。

「ならば今日からこの菓子をマドレーヌと呼ぶことにしよう」

これはあくまでも伝説である。別の説によるとパティシエは病気でデザートを作れなかったのではなく、主人と諍《いさか》いをして厨房を勝手に飛び出したのだという。つまり職場放棄である。

また一説によると、マドレーヌ嬢はただの田舎娘ではなく、マドレーヌ・ポミエというれっきとしたコメルシー城の料理人だったともいう。

この辺のあいまいさは伝説の伝説たるゆえんであろう。いずれにしてもコメルシーがマドレーヌ発祥の地であるという説明にはそれなりに説得力がある。というのも、一七六六年にスタニスラスが死んでロレーヌ公国がフランス領に編入されたあとのマドレーヌの変遷の過程が、ある程度きちんと跡付けされているからだ。

スタニスラスの死後、マドレーヌはコメルシー村の名産品として大きなビジネスに成長した。この成功にはふたりの女性が関わっているという。

ひとりはスタニスラスの娘でルイ一五世妃でもあったマリー・レクチンスカヤ。彼女はマドレーヌをベルサイユの自分のサロンに持ち込み、訪れる招待客に提供して評判を得た。

もうひとりはコメルシー出身の若い女性アンヌ・マリー・コサン。一八五二年七月にパリとストラスブールの間に鉄道が通り、その開通を祝って祝辞を述べるため皇帝ナポレオン三世が当地を訪れた。そこで立ち寄った新しいホテルで食べたマドレーヌを賞賛したことがコサン嬢の郷土愛を刺激した。彼女は結婚してカルカーノ公爵夫人となりパリの邸宅で暮らすようになっていたが、その邸宅では新しく敷設された鉄道の最終列車で夜ごとコメルシーから運ばれてくるマドレーヌが供されたのである。

コメルシーには多くのマドレーヌ製造所が設立され、今日に至るまで激しい競争が繰り広げられることになった。

一八七〇年八月にプロイセンの軍隊とともにコメルシーに入ったビスマルクの秘書官が日記にこう書き記している。

家々の入り口の扉にはしばしばマドレーヌ製造所のサインを見つけることができる。それは小さなメロンの形をしたビスキュイ菓子で、フランスで大評判になっているものである。

帆立貝とマドレーヌのもうひとつの伝説

ビスマルクの秘書官は「メロンの形」と書いたが、マドレーヌは一般的に帆立貝の貝殻の形をしていることで知られている。その形に焼くための型があり、これがマドレーヌの型と呼ばれるものであることは、現代のパティシエにとって常識と言って良いだろう。

しかし、マドレーヌは最初からこの形だったのだろうか？

カレームのマドレーヌのレシピには「マドレーヌの型に流し入れる」とあるが、この型がどんなものだったのか、残念ながらそれを推測できるような資料は残っていない。ただ、カレームの直弟子だったジュール・グフェの『パティスリーの本』にはマドレーヌのカラーの口絵が載っており、これを見る限りでは現在のマドレーヌとはだいぶ違うように感じられる。ラルースの『料理百科事典（一九三八年版）』にも「古い型で作られたマドレーヌ」と説明文のついたマドレーヌの写真が掲載されているが、これはグフェのマドレーヌとほぼ同じ形である。とすると、カレームの言うマドレーヌの型もこれと同様のものだったのだろうか。そうであるとも、そうでないとも言えないところが何とももどかしいが、少なくとも現在の形よりはずいぶんと厚みがあるように見える。

それは別として、マドレーヌはいつ頃から、そしてどんな経緯で帆立貝の貝殻の形になったのだろう？

この問いに明確に答えられる資料は今のところ見つかっていない。コメルシーで最初に作られていた当

ジュール・グフェの『パティスリーの本』に掲載された「さまざまなプティガトー」と題された口絵（河田勝彦氏提供）。この中の上から２段目の右のお菓子がマドレーヌ。棚に振られた番号の菓名はそれぞれ次のとおり。
1. パン・ド・ラ・メク、2. シュー・グリエ、3. ファンショネット・ドゥミ・ドィーユ、4. マドレーヌ、5. シュー・グラセ・ア・ラ・ピスタシュ、6. モカ、7. タルトレット・ダブリコ、8. タルトレット・ド・ペシュ、9. エリソン、10. エスペランス

時の素朴なマドレーヌに専用の型があったとは考えにくいので、それがパリなどで普及する過程を通して一八世紀の終わりから一九世紀の初めにかけて帆立貝と結びつけられたと考えるのが無難なところだろう。

では、なぜ帆立貝の形なのか？　これも難問である。

先のマドレーヌ・ポミエに関連して、彼女が巡礼者としてサンティアゴ・デ・コンポステーラへの道をたどったことがあることに由来する、という説がある。

サンティアゴ・デ・コンポステーラはスペイン北部の町で、伝説によると九世紀頃に羊飼いの少年がこの地に星が落ちるのを見てそこに行き、キリストの一二使徒のひとりである聖ヤコブの墓を見つけたという。人びとはそこに聖堂を建て、サンティアゴ・デ・コンポステーラを聖地として崇《あが》めるようになった。それ以来、ヨーロッパのカトリック教徒にとってサンティアゴ・デ・コンポステーラはもっとも人気のある巡礼地である。今でも多くの信者が各地から長い道のりを長い時間をかけて徒歩で巡礼する。

このサンティアゴ・デ・コンポステーラへの巡礼のシンボルが帆立貝なのである。巡礼者は巡礼の道をたどる間、その証として帆立貝の貝殻を身につける。街道の要所にはそれが巡礼の道であることを示すための帆立貝をかたどった目印のついた道しるべがいくつも据えられている。

だから、巡礼者であったマドレーヌ・ポミエにとって帆立貝の形は単なるデザインではなく信仰上の深い意味があった、というのだ。

しかし、この説は残念ながらあまり説得力がない。なぜならポミエ嬢が確かに実在したという証拠はいっさい存在しないからだ。つまりこの説は、マドレーヌがなぜ帆立貝の形なのかと問われた誰かが答えに窮して苦し紛れにこじつけたものである可能性が高いように思われる。

1568年のサンティアゴ・デ・コンポステーラへの巡礼を描いた版画。2人の巡礼者の肩のあたりに帆立貝の貝殻が見える。

というわけで、マドレーヌがどういう経緯で帆立貝の貝殻の形になったのかは正直に「わからない」というより他はない。

その埋め合わせというわけでもないが、キリスト教がらみの話が出たついでにマドレーヌの由来についてのもうひとつの異説を付け加えておこう。

これは実際には伝説というよりむしろ奇説というべきだろう。奇想天外で、にわかには信じがたい。しかしそれでいて妙に心惹かれるのは、この説にどこか陰謀めいたミステリアスな陰のようなものが感じられるからかもしれない。

時代は一気に二〇〇〇年ほどさかのぼる。神の子と称されたイエスは彼の行なった伝道行為が社会の秩序を乱すとして捕らえられ、ゴルゴタの丘で磔刑《たっけい》に処せられる。そのイエスは生涯独身であったとされているが、実は妻がいたというのがこの異説の発端である。

彼女はイエスが昇天したとき身ごもっており、その後家族らとともに南フランスに渡って男の子を出産した。晩年はマルセイユ近郊のサン・ボームの洞窟にこもって隠棲生活を送ったが、イエスとの間にできた男の子は南フランスに定住し、当地の王族の娘と結婚してフランス最初の王朝であるメロビング朝の始祖となった。メロビング朝のクロビス一世は後にフランク王国を統一するためにカトリックに改宗したが、一族の中には改宗を拒んで始祖であるイエスの妻を聖者として崇め、南仏にとどまってひっそりと暮らしながらその独特の文化を人知れず子孫に伝える者たちがいた。彼らは独自の伝統文化を門外不出の秘密として大切に守っていたが、その中にシンプルで大変美味な焼き菓子があった。彼らはそのお菓子に聖なる始祖の名前をつけて、長い長い歴史を通して連綿と引き継いでいった。その名はマグダラのマリア、すなわちフランス語でマリー・マドレーヌである。

どうです、突拍子もない説でしょう?

でも、パリにあるマドレーヌ寺院が実はマグダラのマリアの遺骨が分骨されて祀られているところからその名前がついた、なんてことを聞くと、ひょっとしたらそんなこともあるかもしれないなどとつい思ってしまうのは、やはり謎めいた伝説の持つ魔力と言うべきであろう。

富者への憧れ

マドレーヌはフランス菓子のカテゴリーの中ではドゥミ・セック、すなわち生菓子と乾き菓子(クッキー類）の中間に位置するお菓子である。ドゥミ・セックの代表格と言っても過言ではないが、それではフランス菓子のドゥミ・セックには他にどんなお菓子があるかというと、これが意外と少ない。

英国には「ケーキ（Cake）」という伝統的なジャンルがあり、この中にはパウンド・ケーキをはじめダンディー・ケーキ、シムネル・ケーキなど古くから英国の人びとに親しまれてきた洋菓子がたくさんある。ドイツにもザントクーヘンというジャンルがあって、これは英国のケーキとほぼ同様のカテゴリーである。ちなみにザント（Sand）というのは「砂」の意味だが、フランス菓子で同じく「砂」を意味するサブレとは異なる。サブレは周知のようにクッキーである。

フランスにもケーキはある。「四分の四（四分の一が四つ）」を意味するカトル・カール（Quatre-Quarts）はその名が示すように四つの材料、すなわち小麦粉と砂糖、卵、バターを同じ量ずつ混ぜ合わせて作るお菓子で、英国のパウンド・ケーキと同じもの。というより、パウンド・ケーキがフランスに入ってカトル・カールと名前を変えたというほうが正確だろう。

このようにフランスのケーキはほとんど例外なく英国から拝借したものである。カレームをはじめ、ユドやソワイエ、フランカテッリなど英国で仕事をしたフランス人の料理人たちは、華麗なフランス料理を英国にもたらしただけでなく、プディングやケーキなど英国の食文化をフランスに取り入れる役割も果たしたのだった。

アーモンドとバターをたっぷり使ったパン・ド・ジェーヌ（Pain de Gênes、ジェノヴァのパン）はリッチなスポンジケーキだが、これもドゥミ・セックの仲間に加えていいかもしれない。このお菓子にもちょっとした歴史的エピソードが語られている。

一八〇〇年、フランスの支配下にあったイタリア北西部の都市ジェノヴァがオーストリアの大軍によって包囲された。城壁内に立てこもったマセナ将軍率いる小勢のフランス軍はこの雲霞《うんか》のごとき敵に果敢に立ち向かい、これを見事に打ち破ってその後のマレンゴの戦いにおけるナポレオンの勝利を呼び込んだ。

この戦勝を記念して考案されたアーモンドのお菓子が、パン・ド・ジェーヌである。アーモンドが使われたのは、兵糧攻めにあっていたフランス軍兵士の命をつないだのが、ジェノヴァの街に大量に備蓄されていたアーモンドだったからだという。

当初、パン・ド・ジェーヌには生姜やシナモンなど二〇種類以上の原材料が使われていたらしい。それを現代に通じるシンプルなレシピにアレンジしたのは、それから四〇年ほど後のパリの菓子店シブーストのシェフ、フォーヴルである。それ以来、パン・ド・ジェーヌは滋養豊かな銘菓として伝統菓子の一角を占めている。

英国風のケーキ（フランス語ではケク）に押されて影の薄いフランスのドゥミ・セックの中で、マドレーヌについで純フランス産のドゥミ・セックとして知られているのがフィナンシエである。

長方形のこのプティガトーはしばしばマドレーヌと対で言及されるが、もちろん形以外に違いもある。まず、小麦粉の代わりにアーモンドの粉末とコーンスターチを使う。次に、全卵ではなく卵白のみを使う。最後に、バターはブール・ノワゼット、すなわち焦がしバターを使う。

これだけ違っていればぜんぜん違うんじゃないかと言われるかもしれないが、そのとおり、マドレーヌとフィナンシエはまったく別のお菓子である。

フィナンシエというのは金融家とか金持ちという意味だが、どうしてお菓子にこんな名前がついたのか

インゴットの形をした現代のフィナンシエ。

というと、一説によれば一九世紀の終わり頃にパリのサン・ドニに店を出していたルヌという名前のパティシエが、近所の証券取引所の金融家たちがスーツを汚さずに気軽に食べられるお菓子を提供しようと考えて創作したからだという。

この説がどこまで信用できるかはわからないが、同時代のピエール・ラカンも著書の中で「フィナンシエはルヌが創作した」とはっきりと書いているから、おそらくそれに間違いはないのだろう。

ただ、ここで気をつけなければいけないのは、その形である。現在ではフィナンシエの型というのがあって、ほとんど例外なくその型を使って焼くようになっているが、その型というのが黄金のインゴットの形をしているのである。金融家という名前のお菓子がインゴットの形をしているのは、どう考えても意図的であるように思える。ルヌさんもなかなかやるじゃないか、と感心してしまいそうになるほどだ。

しかし、フィナンシエがもともとその形でなかったことはラカンの本を見ればわかる。ラカンの本の中にはフィナンシエのレシピがいくつも記述されている。ときにはフィナンシエールと女性形になっている場合もあるが、基本的にはどれも同じものである。ただ使用する型が違う。あるレシピではボート型もしくはサヴァラン型で焼くと書いてあるが、別のレシピではブリオシュの型で焼くと書いてある。いずれにしてもインゴットの形とは似ても似つかない。

つまり、後世のパティシエの誰かがフィナンシエという名前とインゴットの形を結びつけたわけだ。そのパティシエが誰であるかは今となってはわからないし、たいした問題でもない。ただ、そこには実社会の中では実現が困難な富者になりたいという願望をせめてお菓子の中だけでも叶えたい、という庶民のはかない心情がこめられているように思えてならないのである。

そう考えてみると、昔からそんな富者への憧れを感じさせる洋菓子はいくつもあった。たとえば有名なところでは、グリモの『食通年鑑』にも登場するプロフィトロール・オ・ショコラ。プティ・シューにクリームをつめてチョコレートのソースをかけたこのデザートにつけられたプロフィトロールという名前は、もちろんプロフィ（Profit ＝利益、利潤）から派生したもので、本来はちょっとした利得（本業以外で得る収入）を表わす言葉だという。

いつの時代でも、どこの国でも、貧乏人は金持ちになりたいと願うし、金持ちはもっと金持ちになりたいと望むものなのである。

column

ハチミツから砂糖へ

お菓子を作るには材料が必要だが、もっとも基本的な材料はといえばまず砂糖を挙げなければならない。

砂糖の機能は甘みを与えるだけではない。ビスケットやパウンドケーキ、スポンジケーキといった焼き菓子においては、火通りを良くし、きれいな焼き色をつけるのにも砂糖は欠かせない。ためしに砂糖の分量を半分にしてスポンジケーキを作ってみるといい。他の材料を規定どおりに配合し製造工程を正しい手順で作っても、このスポンジケーキは焼き上がりが白っぽく膨らみも悪い、貧弱なものになってしまうだろう。当然食べたときの食感もソフトでしっとりとはいかない。

このように製菓技術上重要な役割を果たす砂糖だが、洋菓子の本場であるヨーロッパに大昔から砂糖があったわけではない。十字軍の中東への派遣などで一一世紀頃から少しずつ入ってきてはいたが、本格的な普及は一五世紀以降のことで、その契機となったのはコロンブスによる新大陸の発見だった。

それでは、砂糖が普及する以前のヨーロッパでは、甘味料として何が使われていたのかというと、主に果物とハチミツだった。特にハチミツは早い時期から養蜂技術が進み、ヨーロッパのいたるところで盛んに生産された。それでもやはり供給量は十分ではなく、その結果中世の人びとは食べることにおいては甘みより酸味を重視した。中途半端に甘いよりも思いっきり酸っぱいほうが、確かにインパクトは強い。熟成していない酸っぱいブドウの絞り汁であるベルジュが重用されたのもそ

14世紀の養蜂風景を描いた絵画。ドーム形のハチの巣(nid d'abeille)にミツバチがたくさん群がっている。中世から近世にかけて描かれた同様の絵画や版画は非常に多い。ハチミツが人びとの暮らしにとって重要なものであり、養蜂が盛んに行なわれたことの証拠と言えよう。

のためである。

この味覚の嗜好は、近世に入って砂糖が普及するにつれて急速に変化していった。十分な甘さが確保されるのであれば、顔が歪むほど酸っぱい食べ物をあえて口にする理由などない。こうして、まず富裕な貴族たちがこぞって砂糖を買い求め、次いでブルジョワがそれに続き、やがて一般大衆も砂糖のとろけるような甘さを堪能できるようになったのである。

人びとが一旦甘さに目覚めると、お菓子の世界の状況も一変した。パティシエという職業が一六世紀以降に大きく発展する背景に砂糖の普及があったのは、決して見逃すことができない事実である。

こうして砂糖はハチミツにとって代わったわけだが、その砂糖はどのようにしてヨーロッパに入っていたのだろう。サトウキビの栽培も一六世紀以降は各地で行なわれるようになっていたが、ヨーロッパの気候には不向きで収穫量もさほど多くはなかった。砂糖の需要のほとんどは、やはり南米などの植民地の生産に頼っていたのである。

中でもブラジルが最大の供給地だった。現地で収穫したサトウキビは糖液に加工されて粘土製のコーン状の型に詰めて固められた。それを船でヨーロッパまで運んだのである。

荷揚げされた砂糖は業者によって型から抜かれて紙で包装され、顧客のもとに届けられた。型がコーンの形だったために、当時の砂糖もやはりコーンの形をしたブロックになっていた。ユーザーはそのブロックを手斧で割って小さな塊にし、さらに乳鉢のようなもので細かくすりつぶして使っていたのである。

このコーン形の砂糖のブロックをフランスではパン・ド・シュクル（Pain de sucre）というが、これは供給元のブラジルでのポルトガル語の呼び名であるポン・ジ・アスーカル（Pão de Açúcar 砂糖のパン）のフランス語訳である。ポン・ジ・アスーカルといえばリオデジャネイロのランドマークとして有名なドーム状の岩山を思い起こす人もいるだろうが、あれも実は砂糖の塊と形が似ていることから付けられた名前である。

パン・ド・シュクルは一九世紀後半まで生き残った。このことを頭に入れておかないと、一九世紀頃のフランスの古いお菓子のレシピを読むときに妙な勘違いをすることがある。たとえばカレームの『パティシエ・ロワイヤル・パリジャン』の「ガトー・オ・プロン・オ・ゼスト・ド・シトロン」のこんな記述。

Après avoir rapé sur un morceau de sucre le zeste de deux citrons bien sains, vous

食品加工の仕事場。テーブルの上に包装紙を剝がされた使いかけのパン・ド・シュクルが置いてある。左の棚の上部には未使用のパン・ド・シュクルも保管されている。
（Nouvelle chimie du goût et de l'odora, T1, 1819）

écrasez ce sucre et le mêlez dans la détrempe ordinaire.

これを直訳すると「傷みのないレモン二個の表皮を砂糖の塊で削り取り、これを潰してデトランプ・オルディネール（通常の型敷き用生地）に混ぜ込む」となる。ここで「砂糖の塊」というのはもちろんパン・ド・シュクルを手斧で砕いてできた塊のことだけれども、パン・ド・シュクルを知らなければこれが何のことだかわからない。そこで、現代の知識に当てはめて「そうか、砂糖の塊というのは角砂糖のことなんだ」と強引に解釈して納得してしまう。

これは実際にパティシエの現場で起こっていることである。今でもフランスや日本のパティシエがレモンやオレンジの表皮を角砂糖で擦り取っている光景をしばしば見かける。しかしこれは無意味な作業である。なぜなら精製されたグラニュー糖が簡単に手に入る現代では、角砂糖を使う必要などぜんぜんなく、単にレモンなりオレンジの表皮を擦りおろし器で擦りおろしてグラニュー糖と混ぜればいいだけの話だからだ。

こんな勘違いをするのも、一九世紀までの技法を忠実に受け継いだパティシエが材料の形態が変わったことに何とか対応しようとした工夫の名残りかもしれない。先人には先人の苦労があったということだろう。

見方を変えれば、パン・ド・シュクルを使わずに済む現代のパティシエは、それだけでも十分恵まれていると言って良さそうだ。

episode

8

ブリオシュ

Brioche

二人の小さな浮浪児は、白鳥と同時にブリオシュに近づいていった。ブリオシュは水に浮かんでいた。ちびの方がそのお菓子をじっと見つめた。でかい方はブルジョワの父子が去っていった方を見ていた。父子はマダム通りの脇の木立のそばの大きな石段に続く迷路のような小径に入っていった。彼らが視界から消えるや、年かさの子どもは急いで飛んでいって池の周りを巡る縁石の上に腹ばいになると、それを左手でしっかりと摑みながらもう少しで落ちてしまうというところまで水の上に身を乗り出して、杖を持った右手をお菓子に伸ばした。白鳥は敵の存在に気づき、憎しみをこめて胸を小さな略奪者に向けて突き出して威嚇した。水が白鳥の手前で逆流し、その穏やかな同心円状のうねりのひとつがブリオシュを少年の魔法の杖の方に流れ寄せた。白鳥が来ると同時に杖の先がお菓子に届いた。少年は、ブリオシュを手繰り寄せつつ白鳥を脅して遠ざけるために杖で水面をパチャパチャ叩き、お菓子を摑みとるとただちに跳ね起きた。お菓子は濡れてしまっていたが、彼らは空腹だったし喉も渇いていた。年かさの少年はお菓子をちぎって大きいのと小さいのとの二つに分けると、小さい方を自分がとり、大きい方を弟に手渡して、そして言った。

「こいつを口の中に突っ込め」

ヴィクトル・ユゴー『レ・ミゼラブル』（一八六二）から

パン？　それともお菓子？

　どこの国にも人びとが主とする食べ物がある。たとえば日本や韓国では米がそうだし、中国では米に加えて小麦粉を練って作る粉食がそうだ。インドやその周辺地域ではナンやチャパティなど薄焼きのパンのような食べ物がそれに当たる。

　フランスではどうだろう？　パンがそうだと思う人もいるだろうが、実はそれは少し違う。確かにフランス人の食事にはバゲットなどのパンが付きものだけれども、だからと言ってそれが主な食べ物というわけではない。主となる食べ物はその日の食卓によって肉料理だったり野菜料理だったりする。フランス人の意識の中ではパンは空気のようなものである。

　しかし、これはもちろん食生活が豊かになった現代の話。昔のフランスでは、貴族や大ブルジョワなどの富裕階級でもないかぎり、決してそんなことはなかった。やはりパンが食事の中心で、パンなしの食卓など考えられもしなかったのである。というのも、当時の人口の大部分を占める庶民はおおむね貧民層で、パン以外の食べ物を多少なりとも空腹を満たせるほど口に入れる余裕などなかったからだ。

　一七八九年に勃発したフランス革命が貧しい庶民の支持を得られたのも、そんなパンすら満足に得られない不満が世の中に満ち満ちていたためで、ここで思い起こすのがマリー・アントワネット妃が言ったという「パンがなければブリオシュを食べれば良いのに」という言葉である。アントワネット妃が無邪気に洩らしたこの言葉が庶民たちの怒りを買い、革命への情熱の炎に油を注ぐ結果となった、という逸話は本をはじめいろいろなところで紹介されているから、おそらく一度くらいは耳にしたことがあるのではないだろうか。

しかし、この話は現在ではよく知られているように、後世の誰かによる意図的な誤用である。まあ、華飾にふけってそれがブルボン王家の財政難を引き起こしたとされるアントワネット妃なら確かにそのくらいのことは言いそうだ、いや、きっと言ったに違いない、と思いたくなる気分が当時のパリの庶民の間にあったことは事実だろう。しかし言ってもいないことを言ったとされるのでは、彼女も草葉の陰でさぞかし悔しがっているに違いない。

この言葉の原典は、これもよく知られているように、ジャン・ジャック・ルソーの『告白』である。この長大な自伝的作品の第六巻で、ルソーはワインに事寄せてブリオシュの話を書いている。

当時世話になっていたある屋敷でおいしいワインを飲んだことがきっかけとなってルソーはその屋敷のワインをこっそりと盗み飲む習慣を身につける。しかし、問題は彼がパンなしにはワインを飲めないことだった。そのパンを手に入れる方法がない。使用人を使いにやってパンを買ってこさせるのはその屋敷の主人に対してあまりに無作法だし、かと言って自分で買いに行くなどもってのほかだ。いやしくも傍《かたわ》らに剣を携えるような立派な紳士が、どうして一個のパンのためにブーランジェ（パン屋）の店の入り口をくぐれるだろうか。不可能だ！　どうするか？

そうして私は最後に、領地の人びとがパンがないと言っているという話を聞いてそれに答えたある大公妃の心ない言葉を思い出した――それなら彼らにブリオシュを食べさせなさい。

この言葉にヒントを得てルソーはブリオシュを買い求めることになるのだが、これがまた簡単ではない。街中を走り回って三〇にもおよぶパティシエの店の中から自分が入れそうな店を探し出し、苦心の挙句にようやくブリオシュの調達に成功する。それから屋敷に戻って自室に引きこもり、食器棚の奥に隠していたワインを注意深く取り出すと読書をしながらブリオシュとともにワインを楽しむのである。

この一節は若き日のルソーの性癖を知る上でなかなかおもしろい部分なのだが、それはともかくとしてここにはブリオシュに関して非常に興味深い内容が含まれている。

ルソーの『告白』が書かれたのは一七六〇年代の終わりとされる。その時代に、パンとブリオシュが明確に区別されていたことをこの文章は示しているのだ。つまり、パンはブーランジェの店で売られていたがブリオシュはパティシエの店で売られており、さらに、立派な紳士であればブーランジェの店に入ることなどとても考えられないがパティシエの店なら入ることができた、という事実である。これを素直に解釈すれば、ブーランジェとパティシエの間には明らかな格の違いがあり、後者が前者より上だったということになる。

このパティシエとブーランジェの格差は、そのままブリオシュとパンの格差にも当てはまる。ブリオシュは酵母で発酵させて作るからパンの仲間みたいなものだけれども、世の中の身分で言えば決してパンではないのである。ここにルソーの著述がマリー・アントワネットに対する中傷に利用された下地もある。

ブリオシュは発酵させた製品なのになぜブーランジェの店ではなくパティシエの店で売られていたのだろう?

一六九四年に出版された『フランス語の語源と由来辞典』という本のブリオシュの項目にも次のような記述がある。

パンの一種。通常パティシエの店で作られる。

ルソーの時代よりはるか以前からブリオシュがパティシエの店で売られていたことが見てとれる。しかし、どのような経緯でそうなったのかは、実はよくわかっていない。

ブリオシュの歴史自体はとても古い。最古の記述は一五世紀にさかのぼるという。一六一一年に英国で出された『仏英辞典』にブリオシュの項目があり、そこにはこう書かれている。

スパイス入りのロール・パンもしくは菓子パン（a rowle, or bunne, of spiced bread）。

この記述を見ると現在のブリオシュとは少し違っているようにも思えるが、一七世紀は何にでもスパイスを多用した時代なのでブリオシュにスパイスが使われていたとしても不思議でないとは言える。この項目の最後には「Norm.」という記載があるが、これはブリオシュという単語がノルマン語に由来することを示している。まあ、語源のことにまで触れるとあまりに煩雑になってしまうのでここでは詳述しないが、このあたりにブリオシュの起源が北フランスのノルマンディ地方にあるという説の根拠があるということだけは書いておこう。

もちろん、フランスの辞書にもブリオシュの項目はある。古いところでは一六八〇年の『フランス語辞典』に、

パリのパティシエ用語。菓子（gâteau）もしくはパンの製法により上質の小麦粉と卵、チーズ、塩を使って作られる。

とある。バターの代わりにチーズが用いられているが、これは古いお菓子のレシピではよくあることである。

一六九六年版の『フランス・アカデミー辞典』では、

焼き菓子（gâteau pestry）の一種。通常、卵と牛乳、バターが用いられる。

と書かれており、ここでは完全にお菓子の扱いである。

一八世紀以降になるとブリオシュの記述も一段と具体的になる。一七五〇年発行の『食物辞典』には、「小麦粉と卵、バターで作られる繊細な菓子」という定義の後で製法が詳細に記されている。最後の焼成のところでは、

生地を必要な大きさに取り分けて全体を湿らせ、上部に切れ込みを入れた後、卵を塗ってオーブンで焼く。

とあり、現在のブリオシュには見られない仕上げであったことをうかがわせてなかなか興味深い。

ブリオシュはベーニェのような揚げ菓子の素材としても用いられてきたし、ガトー・ド・コンピエニュなどの純粋なお菓子の材料としても利用されてきた。これはブリオシュがパティシエの領分であったことを考えればむしろ当然のことで、中世からアンシャン・レジーム期にいたるまでのギルド（フランスではコルポラシオン＝同業者組合）の制度の中でブリオシュの製造と販売の特権がパティシエに与えられていたことを裏付ける間接的な証拠と言って良いかもしれない。

しかし、もちろんこれは昔の話。現在はパリのブーランジェの店もごく普通にブリオシュを扱うようになっている。それでもパティシエの店で売られているブリオシュのほうが何となく高級でおいしそうに見えるのは、やはり長年に及ぶ歴史と伝統のなせるわざだろうか。

外国生まれの人気者

ブリオシュについて書いたのなら、フランスにおけるお菓子とパンの境界線上にあるもうひとつの人気製品、クロワッサンについても書かないわけにはいかないだろう。

フランス人の朝食といえばクロワッサンとカフェ・オ・レというのが、現代の世界共通のイメージである。そういう意味では、ブリオシュよりもむしろクロワッサンのほうがフランスを代表する菓子パンであると考える人が少なくないことも理解できる。

しかし、カフェ・オ・レのカフェ、すなわちコーヒーと同様、クロワッサンももとからフランスにあったものではない。外国から入ってきたアウトサイダーである。しかも、その時期はコーヒーよりもずっと遅く、誤解を恐れずに言えば比較的最近のことと言って良い。それがさも大昔からフランスに根を下ろしてきたかのような大きな顔で代表選手の座に居座っているのには、それなりの理由がある。その理由を少し探ってみよう。

クロワッサンの歴史をひもとくとき、かならず行き当たることになるひとつの言葉がある。

ヴィエノワズリー（Viennoiserie）。

現代でヴィエノワズリーというと、クロワッサンをはじめパン・オ・ショコラやオラネなどパティシエの店で売っている甘い発酵菓子全般を指す言葉で、場合によってはショーソンやシューケットなど発酵菓子でないものを含むこともあるし、ブリオシュをこの範疇に入れてしまうという大胆な資料にもしばしばお目にかかる。しかし、この言葉は本来は文字どおり「ウィーン風」のパンのことである。

一八三〇年代の終わり。パリのリシュリュー通りにそれまでパリには存在しなかったタイプの新しいブーランジュリー（パン店）がオープンした。その名もブーランジュリー・ヴィエノワーズ（Boulangerie Viennoise）。オーナーのオーグスト・ツァンクはまだ三〇歳を過ぎたばかりのオーストリア人で、彼自身はパティシエでもブーランジェでもなかったが、ウィーンから熟練したパン職人をともなってパリの一等地に進出を果たしたのである。

当時のパリはナポレオン帝政が崩壊した後の復古王政に陰りが見え、ヨーロッパ諸国からさまざまな人びとが集まって文化の坩堝《るつぼ》の様相を呈していた。特にブルボン王朝と縁が深いハプスブルグ家の本拠地であるウィーンに対しては、その華やかな宮廷様式に憧れを抱くパリの人びとも少なくなかったのである。
ブーランジュリー・ヴィエノワーズのセールス・ポイントは多彩なウィーン風のパンと高級感溢れる店舗だった。ツァンクの狙いどおり、この店はやがてパリっ子たちの評判となる。店の名前は当時の芝居にも登場するほどだった。

ナボティナ：フランスで！　パリで！　私はお忍びであちこちを巡りました。あなたの目の前にいる私はナボティナの王女。ラップランドでもっとも高貴な家柄の一族です。……愛する王子様……私があの方とはじめてお会いしたのはリシュリュー通りのブーランジュリー・ヴィエノワーズでした。それから私たちは一緒にフェリックスの店に行き、そこでプティ・パテを食べたのでした。愛の名において、私たちはそれを食べたのです。食べたのです！
エルマンガルド：なんというふしだらな！

フレデリック・ド・クルシー作『大公爵』一八四〇年から

王族のランデブーの場としてさえふさわしい店だと見られていたことがわかる。ちなみに、ここに出てくるフェリックスの店というのも当時人気の高かった高級パティシエの店である。
もちろん商品も人びとの味覚を大いに誘った。次の引用は一八四八年に出された『ラ・モード』という女性向けのファッション誌からのものである。

マダム・ルクレがちいさいお茶目な少女たちの採寸をするとき、何が彼女たちをおとなしく従わせているのか、わかるだろうか？　それはリシュリュー通りのウィーン風のおいしいお菓子という素敵な約束である。

ブーランジュリー・ヴィエノワーズにはパンだけでなくお菓子も置いてあり、それもまたこの店の魅力を一層引き立たせていたらしい。

さて、ブーランジュリー・ヴィエノワーズの人気商品のひとつにキプフェルというウィーン菓子があった。ドイツ語で三日月という意味のこのお菓子にはひとつの伝説がある。

一六八三年、ウィーンの市街はオスマン・トルコのイスラム軍によって包囲されていた。イスラム軍は精鋭ぞろいで非常に強力だったが、ウィーンの城壁も堅牢強固でなかなか攻略の糸口が摑めない。業を煮やしたイスラム軍はついにある奇襲策を敢行した。城壁の下にトンネルを掘ってそこから一気に攻め込もうというのだ。さっそくトンネル掘りが夜を徹して始まった。一方、ウィーンの市内では誰もそのことに気づかない。しかし、夜中に起きて仕事を始めるパン屋だけは別だった。彼は地下から響いてくる不気味な物音に気づき、それがイスラム軍の奇襲の前触れだということを察知した。すぐにウィーン政府にそのことを伝えると、ただちに反攻が始まった。こうしてイスラム軍の計略は失敗に帰し、ウィーン軍は街の防衛を果たすことができた。通報したパン屋はイスラム軍打倒の功労者として讃えられ、褒賞として敵方の紋章である三日月の形をしたパンを作ることを認められた。これがキプフェルの始まりである。

まあ、これは伝説だから真偽のほどはわからないが、こうした伝承に彩られたキプフェルというお菓子

パリのリシュリュー通りにあったブーランジュリー・ヴィエノワーズ。これは1903年の写真で、この後まもなくしてこの店は姿を消した。

が新しもの好きのパリの金持ち連中からもてはやされたことは想像に難くない。そしてこれがクロワッサンの原型になったことも、読者諸賢にはいまさら説明の必要はないだろう。

ツァンクは一八四八年に二月革命が勃発したのを機にパリを離れて故郷のウィーンに戻った。彼はもともとジャーナリストで、ウィーンで新しい新聞『ディ・プレス』を創刊したのである。

ツァンクが去った後、ブーランジュリー・ヴィエノワーズは代替わりして継続した。人気店ゆえに、その頃までには模倣店が多く出現して、ウィーン風のパンやお菓子がパリ中に溢れた。中にはどう見てもフランス風にしか見えないウィーン菓子もあったが、パリっ子たちにとってはそんなことはどうでも良かったのである。

キプフェルも少しずつフランス風の衣に着替えさせられていった。名前もいつしかフランス式にクロワッサンと呼ばれるようになっていた。

ブーランジュリー・ヴィエノワーズはその名称を巡って裁判沙汰を起こすなど混乱の挙句に二〇世紀になって姿を消した。

それと入れ替わるように使われだしたのが、ヴィエノワズリーというフランス語である。これがヴィエノワーズとブーランジュリーの合成語であることは言うまでもない。

謎の美女が売る謎のお菓子

クロワッサンは言葉の意味どおり三日月形をしている。最近では作る側の作業効率から三日月形というより菱形のクロワッサンが大勢を占めているが、本質的な違いはない。

一方、ブリオシュはというと生地は一緒で形は千差万別である。もっとも一般的なのは雪だるまのような形をしたもので、これはブリオシュ・ア・テトと呼ばれる。テトは頭の意味で、頭つきのブリオシュである。頭のないプレーンな形のものも多いし、ガトー・デ・ロワやパン・ベニのようにリング形をしたものもある。

ブリオシュ・ナンテールというのをご存じだろうか。これは食パンのように四角い型で焼いたローフ状のブリオシュである。

ブリオシュ・ナンテールの由来については確かなことはわからない。ナンテールはイル・ド・フランスに属する街でパリのすぐ西側にある。その街の名前がついているのだから当然そこの名産品なのであろうと思いきや、どうもそうでもないらしい。ナンテール市の公式ホームページを隅から隅まで見てもブリオシュの文字のかけらもない。そのくせブリオシュ・ア・テトと並んで世界中にその名を知られているというのだから、まことに摑みどころがない。

ジャン・シメオン・シャルダンの1763年の作品『ブリオシュ』。この時代にすでにテトの形があったことがわかる。

そして、一九世紀の出版物の中にたびたび現れるガトー・ド・ナンテールというのも不思議なお菓子である。ひとしきり大きな話題になった様子がうかがえるのだが、その後消息がふっつりと途絶え、現在ではまったく忘れ去られてしまっている。

二〇世紀以前の情報がないブリオシュ・ナンテールと二〇世紀以降の情報がないガトー・ド・ナンテール。この両者には、ひょっとしてどこかに接点があるのだろうか？　この疑問に答えてくれる資料は残念ながらどこにも存在しない。

ガトー・ド・ナンテールの名前が資料に登場するのは古いところでは一七九一年にさかのぼる。フランス革命の指導者の一人でサン・キュロット層から絶大な支持を得ていたジャック・エベールが発行していた新聞『ペール・デュシェーヌ（デュシェーヌ親父）』に掲載された記事の中にこんな一文がある。

すばらしい天気だった。パリやその近郊から家族連れがシャン・ド・マルスに到着し、彼らのお気に入りの散歩道を通って祖国の祭壇の石段から少し離れたところまで来ると、数年前に始まっていまだに生き残っている伝統的存在、すなわちココナツ売りやパン・デピス売り、ガトー・ド・ナンテール売りの売り声にまとわりつかれるのだった。

この文章は実は有名な「シャン・ド・マルスの虐殺」事件の直前の光景なのだが、それを詳しく説明していると長くなるので省く。

それはともかく、ここからもわかるようにガトー・ド・ナンテールはもっぱらプティ・メティエと呼ばれる街頭の売り子によって売られていた。売り子は若い女性で、独特の節回しでこんな歌を歌いながら客を誘った。

さあ、ベル・マドレーヌだよ。
ガトーはいかが？
できたてで熱々のお菓子、
さあ、ベル・マドレーヌだよ。

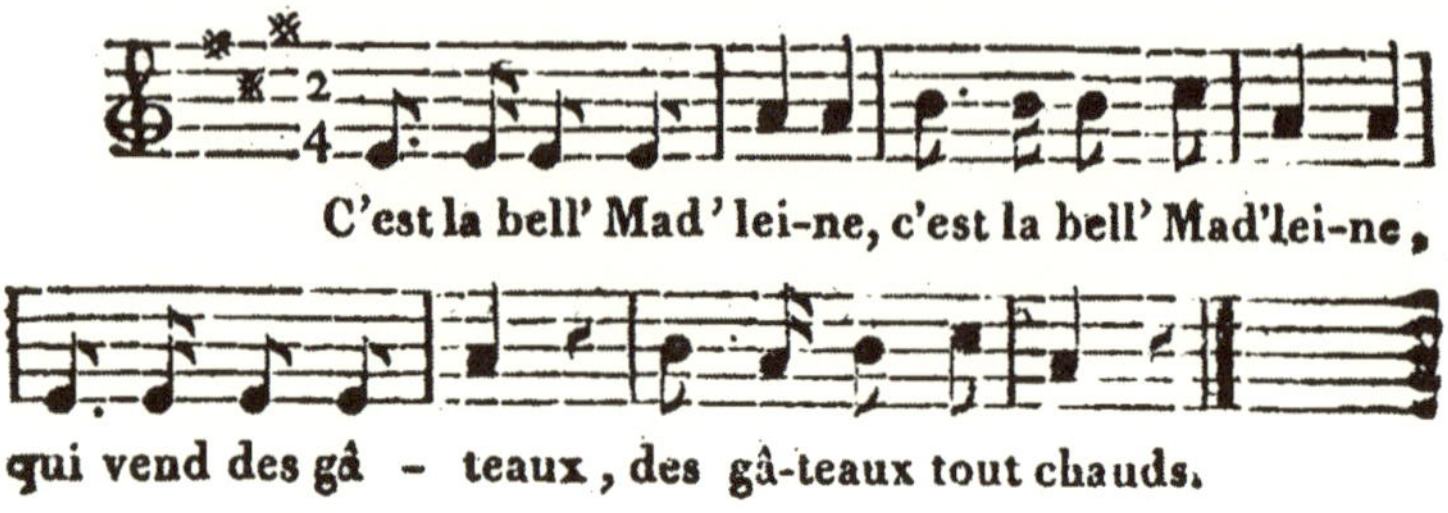

ベル・マドレーヌの売り声。
（Les Charlantan Célèbres, 1819）

この歌の文句から、彼女はいつからともなくベル・マドレーヌ（麗しきマドレーヌ）と呼ばれるようになった。

アイルランドの作家、レディー・モーガンも一八一六年の最初のフランス紀行の中でベル・マドレーヌのことに触れ、休日に家族揃ってチュイルリー庭園に行き、門の近くで商売しているベル・マドレーヌからガトー・ド・ナンテールを買ってもらうのが子どもたちの大きな楽しみだったと書いている。

先のシャン・ド・マルスのマドレーヌとこのチュイルリー庭園のマドレーヌは同じ人物だったろうか？　確証はないが、その可能性は高い。というのも、一八六八年の別の資料に著者が若い頃を振り返ってガトー・ド・ナンテール売りを回想する文章があるのだが、この記述によるとコンコルド広場には五、六人のガトー・ド・ナンテール売りがいてそのリーダー格の女はベル・マドレーヌと呼ばれており、彼女は年寄りだったとあるからだ。同じ女性が年を経ながらパリの街をあちこち移動してガトー・ド・ナンテールの商売を続けていた。そう考えるのが自然だろう。

ここでベル・マドレーヌを描いた三枚の挿絵を見てみよう。

このうちの二枚は一八六〇年代に描かれたもので、画家が実際に見たま

ガトー・ド・ナンテールを売るベル・マドレーヌを描いた３枚の絵。
上は老いたマドレーヌ（La semaine des Familles, 1867）。左下は若きマドレーヌ（Les Célébrités de la Rue, 1864）。この２枚はどちらも伝聞をもとに想像で描いたものらしい。右下はカルル・ベルネの描いたベル・マドレーヌ（Petits Métiers de Paris, 1822）。時期から見ておそらく実物を写生したと思われる。

まを描写したものではない。しかし一箇所を除いてほぼ共通しているところから見て、ベル・マドレーヌが実際にこのような姿であったのは確かだろう。共通していない一箇所というのは、もちろん彼女の年齢である。一七八〇年代から一八二〇年代にかけて五〇年にもおよぶベル・マドレーヌのガトー・ド・ナンテール売りとしての活動を通して、若く美しかった彼女が最後は年老いた姿になったのはむしろ当然のことだろう。

もう一枚は風俗画家であるカルル・ベルネが一八二〇年頃に出した『パリの行商人』というプティ・メティエのデッサンを集めた画集に収録されたベル・マドレーヌの姿である。時期から考えてベルネは実際にガトー・ド・ナンテールを売っている彼女を目に映るままに描いたと思われる。エベールの記述からほぼ三〇年後のベル・マドレーヌは、この絵のように実際に年老いていたはずである。

当時の別の資料の中には「ベル（若く美しい）という形容詞がついているけれども実際には若くも美しくもない」と皮肉っぽいコメントをわざわざ付け加えているものもある。イメージと現実の落差を率直に述べた感想と言って良いかもしれない。

一八一九年の資料に彼女の容姿について触れた記述がある。それによると、

ベル・マドレーヌは髪を茶色に染め、口は大きく、瞳が際立っていて少しうつろな感じだった。歌い終わると籠を地面に置き、道行く人にこんな文句で呼びかけた。

「熱々のガトーですよ、皆さん、お召し上がりください、これは皆さんを楽しい気分にさせてくれますよ」

ベル・マドレーヌは一度も結婚することなく、まさにナンテールの聖母マリアだった。

ベル・マドレーヌの正体はさておいて、ガトー・ド・ナンテールというのは実際にはどんなお菓子だったのだろう。そして、なぜナンテールの名前がつけられたのだろう。

前者の問いに対してはベル・マドレーヌの絵が参考になりそうだ。後世の二枚の絵に描かれたガトー・ド・ナンテールは形状はやや違うがどちらもお菓子というよりはパンに見える。

もう一枚、おそらく実物を見たうえでスケッチしたと思われるベルネのベル・マドレーヌが持っているのはバゲットのような形で、これもどう見てもパンだ。

それではもうひとつの問い、なぜナンテールの名前がつけられたのか。これについてはよくわからないというのが正直な答えだ。ある資料によると、このお菓子はナンテールで作られ二日ごとにパリに運ばれたとされるが、これが事実とすると「熱々（tout chauds）」という売り声に反することになる。売り声はプティ・メティエの看板のようなものだから、やはりこれはパリで焼かれ、焼きたてが売られていたとするのが妥当だろう。

一八六〇年代に刊行された雑誌に興味深い記述がある。

私は夏の時期にナンテールに家を借りたある婦人を知っているのだが、彼女は家主にどこへ行けばガトー・ド・ナンテールを見られるのか尋ねたそうだ。というのも、このお菓子は家庭で子どもたちのために焼かれているものと思っていたからだ。しかし、家主はこの問いにひじょうに驚きながら、ここにはガトー・ド・ナンテールなどというお菓子はないし、チュイルリーの門で売られているというような類のお菓子も見たことがない、いったいどうしてそのお菓子に聖ジュヌビエーブの思い出によって誉れ高いこの町の名前がつけられたのかさっぱり理解できない、と告げたのだった。

ベル・マドレーヌの正体同様、ガトー・ド・ナンテールの正体もやはり謎なのである。

episode

9

パンプキン・パイ

Pumpkin Pie

この日はいたずらっ子たちがお化けや魔女の仮装をして、おそろしい形相を彫り出したかぼちゃの中にろうそくの火を灯す日だ。パーティでは、りんごに顔を突き出したり、気味の悪いゲームに興じたり、パンプキン・パイやアイスクリームやサイダーを腹いっぱい詰め込む。それから、さらに大胆になった彼ら精霊たちは勇んで地獄に（つまり外に）繰り出し、呼び鈴に針を差し込むとか、窓に石けんを塗るとか、つまり、ありとあらゆる私有財産を可能な限りメチャクチャにするという、ハローウィンの栄えある破壊活動に精を出すのである。

『ＬＩＦＥ』誌　一九四一年一一月三日号から

ソウル・ケーキからパンプキン・パイへ

一〇月三一日は楽しい楽しいハローウィン。この日は夕方になると街中に精霊や魔物や魔女や妖精、果てはドラキュラ、フランケンシュタイン、狼男までが繰り出して、大騒ぎを繰り広げるのだ。ろうそくの灯されたかぼちゃのランターンが家々の軒先でゆらゆらと不気味な笑いを浮かべ、グロテスクな仮装をした子どもたちが「お菓子をくれなきゃイタズラしちゃうぞ」と叫びながら通りを練り歩く。

この風習は現在ではアメリカでもっとも盛んに行なわれているし、映画の『ET』の影響もあってアメリカが発祥の地ではないかと思っている人も多いようだが、実は違う。起源についてはよくわかっていないところもあるが、ケルト民族の収穫期の締めくくりを祝うサーインの祭り（Samhain）に関係が深いことは間違いない。

大昔のケルトの暦では、一〇月三一日が一年の最後の日だった。というのも、冬の厳しい北ヨーロッパでは温暖で農作業に適した季節は一〇月まで、それ以降は寒くて辛い冬の季節になるからだ。冬は精霊や魔物が元気を取り戻し、あたりを盛んに動き回る季節でもある。このことから、冬の始まりである一一月一日はあらゆる精霊や魔物が集まる日とされ、万聖節（All Hallow's Day）と呼ばれた。その前夜にあたる一〇月三一日の夕方はオール・ハローズ・イヴと呼ばれ、これが詰まってハローウィンになったのである。

そんなわけで、人びとは自然の恵みを受けることのできる季節との別れを惜しみ、これからやってくる困難な季節に立ち向かうべく自らを奮い立たせるために、ハローウィンに饗宴を繰り広げたのである。

スナップ・アップルの夜。アイルランドの庶民のハローウィンのバカ騒ぎを描いたダニエル・マックリースの1833年の画。
右下で子どもたちが大きな桶に顔を突き出しているのは「アップル・ボビング」で、手を使わずに口だけで桶の中のりんごをくわえることができれば願いが叶うという占い遊び。

もっとも、この日をかぼちゃと結びつけたのはケルトの人びとではなく、アメリカ人である。

かぼちゃの中味を繰りぬいてろうそくを灯すこの灯りをジャック・オ・ランターンというのだが、ジャック・オ・ランターンはもともと大きなカブで作られていた。しかし、皮の柔らかいカブでは細工がしにくく腐りやすいし、アメリカではカブよりもかぼちゃのほうが多く収穫され秋の野菜の代表格であったところから、カブに代わってかぼちゃが用いられるようになった、といわれている。

それはともかく、現代のハローウィンでは、アメリカに限らずどこの国でもかぼちゃのジャック・オ・ランターンが圧倒的に多数派である。

ここで、ジャック・オ・ランターンの伝説についても触れておこう。

むかしむかしの大むかし、あるところにジャックという名前の農夫が住んでいた。このジャックは、怠けものの上に他の農夫の金を盗むという悪人だった。ある日、いつものように金を盗んだジャックは、盗んだところを見つかって村中の人びとから追われる羽目になった。必死で逃げている途中で、ジャックはたまたま悪魔と出くわした。悪魔はジャックに、おまえの死ぬときがやってきた、と告げにきたのである。ジャックはこれ幸いと悪魔に取り引きを持ちかけた。

「自分は今、あなたの敵である敬虔なキリスト教徒たちに追われている。あなたが銀貨に化けてくれたら、その銀貨を彼らに渡して自分を追いかけるのをやめさせることができる。あなたはそのまま姿を消してしまえば良い。キリスト教徒を欺けるのだからあなたにとっても悪い話じゃないだろう？　自分はその後であなたに従って死への旅へと発とう」

悪魔はこの取り引きに応じ、自らの姿を銀貨に変えるとジャックの財布の中に飛び込んだ。しかし、そこにあったのは十字架だった。ジャックは財布の口をきつく閉め、悪魔の力を封じて閉じ込めてしまった。

こうしてまんまと死を免れたジャックだが、人は誰でもいつかは死ななければならない。ジャックにもついに死が訪れた。死への旅路をたどるジャックの前にひとつの門がそびえていた。そこは死者を天国と地獄への道に振り分ける分かれ道に通じる門だった。そして、その門番はなんとあの悪魔だった。

悪魔はジャックを見てこう言った。

「おまえか。よく来たな。おまえはこの悪魔さまを騙したとんでもない悪いやつだ。もちろん天国に行くことはできない。しかし、悪魔を騙すようなやつを地獄に送るわけにもいかない。したがって、お前は天国と地獄の間の虚無の暗闇を永遠にさまようがよい」

こうしてジャックは何もない、誰もいない真っ暗闇を永遠にさまようことになった。しかし、さすがにそんなジャックを哀れに思ったのか、悪魔は足もとを照らすカブで作った灯り（ランターン）だけは持つことを許したのだった。これがジャック・オ・ランターンのはじまりである。

この伝説の大本はどうやらアイルランドの民話にあるらしく、いくつものバリエーションが知られている。

さて、現代ではカブではなくかぼちゃでジャック・オ・ランターンを作るようになった。かぼちゃの中味をくりぬいて、不気味な、それでいてどことなく愛嬌のあるランターンを作るのだが、それではくりぬいた中味はどうするのだろう？　捨てる？　とんでもない。大事な農作物であるかぼちゃの肝心の中味の部分を捨てるわけがない。これは、ちゃんと料理に使うのである。その代表的なものがパンプキン・パイだ。

かぼちゃのランターンがアメリカ製であるように、ハローウィンにパンプキン・パイを食べるのも、もっぱらアメリカの習慣である。パンプキン・パイは一一月の感謝祭の定番にもなっており、アメリカ人にとっては非常になじみの深いお菓子のひとつなのだが、それでは英国にはパンプキン・パイがなかったのかというと、そうではない。パンプキン・パイはあった。ただ、それはパイ・ケースにかぼちゃの詰め物を詰めて焼くアメリカのパンプキン・パイとはまるで異なるものだった。

一八四〇年に出版されたある本に出ているパンプキン・パイの作り方を見てみよう。

英国では、かぼちゃが熟すと一方に穴を開けて中の種を取り出し、そこに薄切りにしたりんごと砂糖、スパイスを混ぜたものを詰めて、オーブンで丸ごと焼く。これをバターと一緒に食べるのである。

著者もこの文章のすぐ後で書いているように、このパンプキン・パイはアメリカのパンプキン・パイとはずいぶん違う。

一九世紀終わりに書かれた本に、外国旅行の経験が豊富な叔父さんからアメリカのパンプキン・パイの話を聞いた英国のある家族の話が出てくる。その家族は叔父さんの話を聞いてとてもびっくりした。かぼちゃでパイを作るだって？ そんな馬鹿な。家族の誰もが最初はその話を単なる冗談だと思った。しかし、叔父さんからそれはまぎれもない本当の話だと言われて、家族中がとまどってしまった。母親などは、自分がそれまで信じこんでいたパイや家庭的なお菓子の概念がすっかり覆されてしまったことに大きなショックを受け、精神的に塞ぎこんでしまったほどだった。

まあ、そこまで深刻な問題でもなさそうに思うのだが、とにかく英国ではハローウィンにパンプキン・パイは食べなかった。

それならどんなお菓子を食べていたのかというと、ソウル・ケーキである。ソウルというのはもちろん魂のことだ。

アイルランドやスコットランドなど昔の英国のケルト系の民族が多く住んでいた地域には、ソウリングというハローウィンのときに行なう風習があり、比較的近年まで行なわれていたという。これは七人の人が仮面をかぶり、籠を持ってソウリングの歌を歌いながら宴席に集まった人びとの間を巡り、ソウル・ケーキを集めるというもので、万聖節にやってくる魔物たちの霊を鎮めるための伝統儀式である。

ソウル・ケーキは通常は少し厚みのある円形をしたスパイシーなクッキーで、表面にキリストを表す十

伝統的なソウル・ケーキ。

字の模様が刻まれている。もっとも、本来はお菓子ではなくその秋に収穫された最初のフルーツをソウル・ケーキと呼んだらしい。

ソウリングで歌われる歌は英国やアメリカでは伝統的なフォーク・ソングのひとつになっていて、現代でも多くの人びとに親しまれている。いろいろなバージョンがあるようだが、主題となる部分はほぼ共通しており、それはこんな歌詞である。

ソウル、ソウル、ソウル・ケーキ
善良なおかみさん、ソウル・ケーキをくださいな
りんごや梨やプラムやチェリー
それは魂たちを陽気にさせるもの
ピーターにはひとつ、ポールには二つ、
私たちをお創りになった方には三つを

ソウリングの歌を歌いながらソウル・ケーキを求めて人びとの間を巡る風習が、やがて子どもたちがハローウ

19世紀のイギリスのソウリングの風景。若者たちがソウリングの歌を歌いながら街の家々を巡り、ソウル・ケーキを求めている。
(ST. NICHOLAS, CONDUCTED Vol.10, 1883)

インの仮装をし「お菓子をくれなきゃいたずらしちゃうぞ」と叫びながら家々を巡る、トリック・オア・トリート（Trick or Treat）の習慣へと発展していったのは、言うまでもない。

パイの話

パンプキン・パイの話が出たついでに、パイについても少し触れておこう。

そもそもパイとは何だろう？　英国やアメリカにはタート（Tart）というお菓子もあるけれど、パイとタートはどう違うのだろう？

二番目の質問に対する正解は、「現在ではほとんど違いはない」である。論者によっては、パイは上に覆いがあるものでタートは覆いがないものだ、という人もいるが、これはおそらく、陶器製や金属製などの深めのパイ皿に肉やら果物やらを直《じか》に入れ、上にパイ皮を被せて焼く昔のパイのイメージに由来する意見と思われる。現在では、特にアメリカではピーカン・パイのように覆いのないパイも少なくない。

タートはどうかというと、これも中世フランス語のトゥルトから派生しているだけに、フランスのタルトと相似形のイメージだが、そうかと思うと一七世紀はじめの英国の古い辞書に収録されている定義では「フルーツのパイ」などと書いてある。要するに大昔からパイとタートの境界はあいまいだったのだろう。

それでは一番目の質問、パイとは何か？

前述のように古くはパイ皿の中に直接、そして現代ではペースト生地で作った丸形のケース（これをパイ・シェルと言ったりもする）の中に、フルーツや野菜や肉やその他いろいろなものを詰めて焼いたお菓子、もしくは料理のことである。
ジェサップ・ホワイトヘッドの『司厨長のためのハンドブック』(一八八九年)のパイの項目にはこんなことが書いてある。

英国人とアメリカ人の間ではパイに対する考え方に明らかな相違がある。英国ではパイの出されない饗宴は完璧とは言いがたく、舞踏会つきの晩餐ではさまざまなパイが供される。これらのパイは家禽肉や狩猟肉のものだが、それに対してアメリカのパイは一般的に甘い。

ホワイトヘッドの考えではアメリカではパイはお菓子だが英国では料理である、ということになるらしい。これも現代ではそれほどはっきりとしたお国柄の違いが見られないことは誰でも知っている。
それはともかく、この料理もしくはお菓子をなぜパイというのだろう?
パイ(Pie)という単語を調べていくと、なかなかおもしろいことがわかってくる。
ためしにこの言葉を辞書で引いてみよう。

パイ:肉または果物などを小麦粉の生地に入れて焼いたもの。

いささか不正確だが、まあ、これが普通の意味である。しかし、辞書には別の意味も書いてある。

パイ：magpie のこと。（鳥）カササギ。

ここでさらに magpie を引いてみると、

マグパイ：（鳥）カササギ。おしゃべり。がらくた収集家。

などと書いてある。

この中の「がらくた収集家」という意味に注目してみよう。

カササギという鳥には、巣の中に何でもため込むという習性がある。鳥を観察している人がカササギの巣の中を覗いてびっくりした。そこには針金やらぼろ布やら空き缶やら紙くずやら、とにかく種々雑多なものがぎっしりと詰め込まれていたのである。このようなカササギの習性からマグパイにはがらくた収集家の意味が与えられたわけだ。

さて、マグパイは単にパイと呼ばれることもあるが、これにはどういう理由があるのだろう？

実は、マグパイのマグが省略されてただのパイになったのではない。逆である。もともとパイと呼ばれていたのがマグパイになったのである。そう呼ばれるようになったのは一六世紀頃のことだと言われている。

当時、英国のある田舎の村にマーガレットという名前の若い女性がいた。彼女は人柄も良く働き者だったが、ひとつだけ欠点があった。とてつもないおしゃべり好きだったのだ。時間や場所に関係なく、人に会いさえすれば相手かまわずおしゃべりを始めるのだった。そして、いったんしゃべり始めると、そのおしゃべりは滅多なことではとまらなかった。閉口した村人たちは、こんな陰口を囁《ささや》きあった。「マーガレットは本当によくしゃべる。まるでカササギみたいだ。マギー（マーガレットの愛称）はカササギ（パイ）だ」。こうして彼女はいつからともなくマギーパイと呼ばれるようになった。時が流れ、マギーパイはいつしか本家のカササギそのものを指すようになり、マギーパイも略されてマグパイとなったのである。まあ、こんなことはどうでも良いのだが、パイというのはもともとがカササギという鳥を指す言葉である。それがどうしてパイというお菓子の名前に流用されたのかというと、それはこの鳥の習性と関係がある。

本来のパイは、パイ皿の中にさまざまなものを詰め込んでから上にペースト生地を被せて焼く。このスタイルに、巣の中に何でもかんでも詰め込むというカササギの習性を重ね合わせた人たちがいた。彼らは、このお菓子がまるでカササギの巣のようだというので、これにもパイという名前をつけた。その後、カササギはマグパイと呼ばれるようになったが、お菓子のパイはパイのまま定着して英米のお菓子の世界に君臨し、今日に至っているのである。

嘘のように聞こえるかもしれないが、これは正真正銘、本当の話である。

もう少しパイの話

パイは英国で生まれてアメリカで発展した。アップルパイのエピソードでも書いたように、いまやアメリカ人の魂とでも言うべきパイすらある。

そんなお菓子だから、アメリカにはパイにまつわるエピソードがいっぱいある。

「天国のパイ（A pie in the sky）」という言葉をご存じだろうか？

朝日新聞の英語総合ニュースサイト『アジア&ジャパン・ウォッチ』の二〇一四年一月一六日の見出しにこんなのがある。

「Niigata governor calls TEPCO's turnaround plan a 'pie in the sky'」

直訳すれば、「新潟県知事、東京電力の経営再建計画を《天国のパイ》と指摘」といったところだろうか。

記事の内容は、原発事故で経営難に陥っている東京電力の社長が新潟県知事と会談し、その際に示した再建プランに新潟県柏崎刈羽原発の再稼動が前提とされていることに対して知事が強く反発した、というもの。

この記事の見出しに使われている「天国のパイ」というフレーズは、これまでにも似たような文脈でアメリカのニュース・メディアでしばしば使われてきた。日本語では「絵に描いた餅」という言葉がニュアンスとしては一番ぴったりくる。

もちろん新潟県知事が実際に「天国のパイ」という言葉を使ったわけではない。しかし、編集者としては欧米のジャーナリストなら誰でも知っているこのポピュラーな慣用句を使ってみたいという誘惑に抗しきれなかったのだろう。

「天国のパイ」という言葉は一九〇〇年代初めにアメリカ人労働運動家ジョー・ヒルが作ったプロテスト・ソング『伝道師と奴隷』に由来する。これには元歌があり、神の導きで幸せになれるという救世軍の賛美歌『イン・ザ・スィート・バイ・アンド・バイ』がそれだが、ヒルはこれを替え歌にしてそのキリスト教的偽善を徹底的に皮肉ったのだった。

　歌詞の一部を紹介してみよう。

長髪の伝道師が夜な夜なやってきて
何が悪くて何が正しいかについて教えを授けようとするが
食べ物のことを尋ねるやいなや
甘い声でこう答えるのだ

やがて食べられるようになります
空の上の輝ける国で
働きなさい、祈りなさい、干草の上で暮らしなさい
そうすればあの世へ行って天国のパイを食べることができるでしょう

歌詞の中の「長髪の伝道師」というのがイエス・キリストを暗示しているのは、あらためて指摘するまでもないだろう。

肩の凝る話はこれくらいにして、パイ投げの話でもしよう。

パイ投げ。アメリカの喜劇映画で見たことがあるだろうか?　クリームのいっぱい詰まったパイを、人

の顔めがけて投げつける、あれである。アメリカには「パイイング（Pieing）」という用語すらある。立派なアメリカ文化のひとつなのである。

どうしてこんなものが腹を抱えて笑い転げるほどおもしろいのか？　道徳と規律を重んじる日本人にとってまことに理解しがたいパフォーマンスではあるが、まあ、文化というのは国や民族によってそれだけ異なるものだということなのだろう。

このパイ投げが最初にアメリカ映画に登場したのは一九一四年の『キーストン・コップ』であると言われている。この時代の映画は当然サイレント（無声映画）だから、観客を笑わせるためには派手な動きが必要だったわけだ。

ローレル＆ハーディの『世紀の戦い』の公開当時のポスター。パイ投げがこの映画の売りだったことがわかる。

パイ投げをアメリカ中に衝撃をもって知らしめたのは、何と言っても一九二七年のローレル＆ハーディのスラプスティック・コメディ、『世紀の戦い（The Battle of the Century）』である。この映画のわずか四分足らずのシーンの中で、何と一〇〇〇個とも三〇〇〇個とも言われるパイが空中を飛び交った。確かに『世紀の戦い』である。

パイ投げは、アメリカでは決して映画

の中だけのものではない。たとえば、慈善事業のイベントの一環としてパイ投げが行なわれることがあり、ここでは寄付をした一般人がそのご褒美としてゲストに招かれた有名人の顔に向かってパイを投げつけることができるのである。

これだったら一度やってみたい？

楽しいことばかりではない。政治家や財界の大物たちがパイ投げの標的にされることもしばしばある。気に入らないからといって銃弾を浴びせるよりははるかにましだが、これだってれっきとした犯罪である。

一九九八年二月にはマイクロソフト社の創設者である大富豪のビル・ゲイツがベルギーのブリュッセルでパイの洗礼に遭っている。このときの新聞のニュースの見出しは、「ゲイツ、パイを喰らう」というものので、本文にはこんな一節もあった。

マイクロソフト社のスポークスマンであるマレイ氏は、普段はユーモアのセンスがあるとは思われていないゲイツが、後に事件についてこんなジョークを言っていたと明かした。

「パイの味はたいしたことなかったよ」

こんな冗談で済ませられるのは平和と言えば平和、愉快と言えば愉快。この程度だったら、大金持ちの有名人になって一回くらいパイを投げつけられるのも悪くないと思ったりするのは、名もなき貧乏人のひがみだろうか。

column

二四羽の黒つぐみ

フランス語でアントルメ（entremet）といえば、今では大型の甘いお菓子のことを指す言葉だけれども、大昔はそうではなかった。

中世から近世にかけての、特に宮廷などで行なわれた大晩餐会では、料理は現代のコース料理のように一品ずつ順番に出てくるわけではなく、大きな台などに盛られたものがいっぺんに出され、会食者がそれぞれ自分の分を取り分けてもらって食べるのが普通だった。

食卓の上の料理がなくなると当然次の料理へと移る。ところが、これがなかなか出てこない。さんざん待たされていいかげん待ちくたびれた頃にようやく出てくるのだが、そうなるとせっかくの豪勢な料理もすっかり興ざめである。晩餐会を主催するホストとしても、それでは招いたお客に申し訳ないし自分の評判にも関わる。というので、料理と料理の間をつなぐための工夫が凝らされ、楽団が音楽を演奏したり役者が芝居に興じたりといった娯楽が用意された。これがそもそものアントルメである。

こうした趣向は、時代が下るにしたがって次第に過剰なものになっていった。毎回毎回音楽だ芝居だといっても、やがて客も飽きてくる。そこでホストはより過激なアントルメを提供しようと知恵を絞る。なにか客をあっと言わせるようなアントルメはないものか。そうだ、大きなパイを作ってそれを切ったら中から生きた動物が飛び出すなんてのはどうだろう。拍手喝采間違いなしだ。

実際にそんなアントルメのレシピが一五四九年に出された『エピュラリオ』というイタ

リアの料理書に載っている。

大きなパイのケースを作って、底にはこぶし大の穴を開けておき、ケースの中に小麦粉を一杯に詰めて焼く。焼き上がったら底の穴から小麦粉を取り出し、その穴から生きた小鳥を入れる。食卓に運び、客の前に出す。蓋の部分を切って開けたとたんに小鳥が飛び出す。客が驚いて喜んでいるうちに、あらかじめ別に作っておいた小さなパイを切り分けて供する。

客の反応が驚きから失望に変わらないうちに別の本物のパイを出すなどというあたりは、なかなか気が利いた配慮というべきだろう。

これをヒントにしたのかどうかは不明だが、おなじみマザー・グースの中にこのアントルメそのままの歌詞の歌がある。

六ペンスの歌を歌いましょう
袋いっぱいのライ麦と
二四羽の黒つぐみ
パイに詰めて焼いたとさ

パイを切ったそのときに
歌い始めた小鳥たち
なんておいしいこの料理
王様にお出しするのにぴったりだ

「六ペンスの歌」と題されたこの歌はマザー・グースの中でも特によく知られた一曲である。どうしてこんな歌がイギリスで作られたのかはよくわかっていないようだが、一七四四年には『トミー・サムの愛唱歌集』の中にこの歌が収録されている。しかし、ここでは歌詞が一部異なっていて、「二四羽の黒つ

「6ペンスの歌」に付されたウォルター・クレーンの挿絵から（1864年）

ぐみ」のところが「二四人の悪い男の子」になっているのである。いくら悪ガキでもさすがに人間の子どもをパイに詰めて焼いてしまうのは残酷でモラルに反すると思ったのか、一七八〇年に出版された次の版では「悪い男の子」が「黒つぐみ」に変更された。それ以降、この歌は「二四羽の黒つぐみ」で定着し子どもたちの愛唱歌となった。

一方、アントルメとしてのびっくりパイはヨーロッパでは次第に廃れていったが、アメリカでは逆におおいに流行し、ポップ・アウト・ケーキ（pop out cake）というカテゴリーを形成するまでになっている。ポップ・アウト・ケーキで使われるのは本物のパイではなくたいがいは厚紙などで作った張子のケーキである。中から飛び出すのも鳥ではない。生きた人間、それも半裸の美女だったりする。さすがアメリカ人、やることが派手である。

ポップ・アウト・ケーキの主戦場はもちろん王宮の晩餐会などではなく、もっぱら独身男のパーティなどだとか。

現代化の波には逆らえないとわかっていても、伝統あるアントルメの成れの果てがこれではあまりに侘しい。アントルメが本家フランスでは別の発展を遂げて、美味で華麗な大型菓子（グラン・ガトー）として人びとの目と舌を楽しませるようになったのがせめてもの慰めである。

episode 10

サヴァラン

Savarin

カディヌはひとりでスミレの花束を持って散歩するときには、しばしばもっと先まで足をのばして、大好きな店のある一角を目指した。中でも一番のお気に入りはお菓子でいっぱいのショーウィンドーがあるブーランジュリー・タブローで、ガトー・オ・ザマンドやサン・トノレ、サヴァラン、フラン、タルト・オ・フリュイ、お皿に盛ったババ、エクレール、それにシュークリームの前を通るためテュルビゴ通りを一〇回も行ったり来たりした。クッキーやマカロン、マドレーヌがぎっしりと詰まったビンを見ていると、口の中につばがわいてくるのだった。大きな鏡や大理石、金箔、細工の施された鉄製のパン棚で飾られたブーランジュリーはとても明るく、また別のウィンドウにはクリスタルの飾り台にのせられたつやつやした長いパンが真鍮の輪に支えられて斜めに立てかけられており、パン生地から漂う温もりで晴れやかになった彼女はついに誘惑に負けて二スーのブリオシュを買うために店に入っていくのだった。

エミール・ゾラ『パリの腹』(一八七三)から

創作？　それとも単なる物まね？

洋菓子は芸術である。

これは、昨今のパティシエたちが揃って口にする言葉である。有名であれ、無名であれ、パティシエという自らの職業に誇りを持つものなら誰でも、洋菓子は芸術であり、パティシエは芸術家なのだという矜持を、多少なりとも抱いているに違いない。

中にはあまり深い考えもないまま、先輩や同僚の口移しでそう思い込んでいるだけのパティシエもいるかもしれないが、大多数の真面目なパティシエにとって、洋菓子は芸術であるという言葉ほどパティシエとしての自覚を促し、仕事へのモチベーションを高めてくれる言葉は他にないだろう。

しかし、水を差すようで申し訳ないのだが、この言葉にはいささか欠陥がある。

たとえば、絵画や彫刻を見てみよう。現代に残る偉大な作品には、それぞれの作者の名前が付され、作品と作者が切り離されて論じられることはない。「モナリザ」といえばダ・ヴィンチ。「ゲルニカ」といえばピカソ。「考える人」といえばロダン。作品名と作者名は一体のものである。

ひるがえって、洋菓子はどうだろう？　高級ホテルの食卓を演出する「ムース・オ・フランボワーズ、ショコラのエバンタイユ添え」の出来がいかに完璧で、いかに華麗であっても、その洋菓子がパティシエの名前とともに人びとの記憶に残ることは、普通では考えられない。

確かにそれはすばらしいデザートで、見た目も美しく、味も絶妙なのだけれども、その美と味わいは、その場のその時間だけの喜びなのである。

ここに洋菓子と絵画や音楽、文学などとの決定的な違いがある。すぐれた洋菓子もまた後世に残るけれども、すぐれた美術や音楽は、作者の名前とともに後世に残る。すぐれた洋菓子もまた後世に残るけれども、それは別のパティシエによって再現された別の洋菓子として残るのである。

洋菓子が文学や絵画のような芸術となりえないのは、たぶん、完成された作品に持続性がないせいだろう。芸術では常にオリジナリティ、すなわち独創性が求められるが、その独創性が意味を持つのは作品に持続性があるからである。

ダ・ヴィンチの「モナリザ」は何百年たってもダ・ヴィンチの「モナリザ」のままである。いつのまにかセザンヌの「モナリザ」になってしまった、なんてことは金輪際起こらない。

カレームの「ミル・フイユ」ではこうはいかない。二〇〇年後に誰かがカレームのレシピを使って「ミル・フイユ」を作ったとしても、その「ミル・フイユ」はそれを作った誰かの「ミル・フイユ」であって、決してカレームの「ミル・フイユ」ではないのである。

と、退屈な前置きを長々と書いてしまったが、ここからが今回の本論である。

ちょっと乱暴だけれども、今回のテーマを一言で言ってしまうならば、「どんな洋菓子にも厳密な意味でのオリジナリティなど存在しない」ということに尽きる。

こんなことを断定的に言ってしまうと、さっそく誇り高きパティシエの皆さんから猛反発を浴びせられそうだが、最初に言い訳をしておくと、「オリジナリティがない」という言葉にパティシエの仕事をおとしめる意図が含まれているわけでは決してない。逆である。

オリジナリティがないのは、むしろ洋菓子の長所であって、それこそが洋菓子を発展させてきた原動力と言って良いくらいなのだ。

それを証明するために、ここにサヴァランというフランス菓子を提示しよう。

サヴァランといえば、食文化に多少なりとも関心のある人であれば誰でも知っているように、『味覚の生理学』という美食に関する本の著者として有名な一九世紀はじめの人物である。この人物の名前をつけたお菓子を、オーギュスト・ジュリアンというパリのパティシエが一八四〇年代の前半に創作した。

オーギュスト・ジュリアンが活躍した一九世紀中頃は、カレームを頂点とする古い時代のパティスリーからピエール・ラカンたちが主導する新しいパティスリーへの移行期にあたり、現代フランス菓子の黎明期というべき時代である。この時期に輝きを放ったのがオーギュスト・ジュリアンを含むジュリアン三兄弟や、ジュール・グフェ、シブーストといった革新的なパティシエたちで、彼らこそがそれまでもっぱら富裕な貴族やブルジョワからの注文でパテやタンバル、ヴォローヴァンなどを作っていたパティシエの店を、店頭での対面販売を主力とする現代的なパティスリー・ショップへと進化させる基礎を築く役割を担った開拓者たちである。

特に、ジュリアン兄弟の発想の斬新さには目を見張るものがある。書物の形で自分たちの業績を後の時代に伝えなかったせいで、その名前は今ではほとんど忘れ去られてしまっているが、当時は革新的なお菓子作りでパリでもっとも人気の高いパティシエであった。

彼らの功績はお菓子だけにとどまらず、焼き型や器具、道具の創作といった関連分野にも及んでいた。トロワ・フレールというジュリアン兄弟の店のスペシャリティは、もちろん三人の兄弟を象徴的に表現し

ジュール・グフェの『パティスリーの本』に掲載されたサヴァランの挿絵。河田勝彦氏提供。

たお菓子だが、その特異な形は彼らが創り出した型から生まれたものであった。

そして、サヴァランもまた、パティシエ・ジュリアンの厨房から誕生した傑作のひとつである。

酵母で発酵させたブリオシュ・タイプの生地を少し固めに焼き、洋酒で香りをつけたシロップに浸したこのお菓子は、売り出されるやたちまちパリ市民たちの注目を浴び、人気商品の座に昇りつめたのだった。

サヴァランという菓名は、もちろん『味覚の生理学』のブリア・サヴァランにあやかったものだが、これはサヴァランのネームバリューが彼の死後二〇年近くを経た一八四〇年代にあっても、なお人びとの耳目を引くに十分であったことを示している。

お菓子のサヴァランがオーギュスト・ジュリアンの創作によるものであることは、ピエール・ラカンが自著の中でこのお菓子をサヴァラン・ジュリアンという名前で紹介していることから見ても疑いのないところではあるけれど、実はこのお菓子には原型がある。オーギュストは、ババという一八世紀からある古いお菓子をもとに、それに多少のアレンジを加えてサヴァランを創り出したのだ。それは、料理史家でなくても知っている確固たる事実である。

だから、サヴァランのオリジナリティに関してオーギュストが主張できる点があるとしたら、せいぜい洗練されたそのスタイルと、風味付けに用いたシロップの独自性くらいのものなのである。

さらに、そのババにも原型となるお菓子があることを指摘しておこう。

だったら、そのババの原型とも言うべきお菓子がそもそものオリジナルなのだろうか？

いやいや、それだって怪しいものだ。

とまあ、どこまで行ってもキリがない。要するに終点のない鉄道のようなものである。

お菓子のオリジナリティというのはそうしたものだと言ってしまえばそれまでなのだが、だからと言って、ジュリアンが創作したサヴァランを偽物だとか物まねだとか言って非難する人がどこにいるだろう。

オーギュスト・ジュリアンの名前は忘れられてしまっても、銘菓サヴァランのうっとりするような甘さと官能的な洋酒の香りは、いつまでも人びとを魅了せずにはおかないのである。

どんな洋菓子にも厳密な意味でのオリジナリティなど存在しない。

この言葉が決して洋菓子の世界をおとしめるものではないことが、わかっていただけるであろうか。

食いしん坊の王様の大好物

さて、サヴァランの原型となったババには、サヴァランよりもっとおもしろく、もっと嘘っぽいエピソードがある。

マドレーヌのエピソードで登場したスタニスラス・レクチンスキーという人物を覚えているだろうか？ロレーヌ公国の田舎町コメルシーに滞在中に農家の若い娘が作った焼き菓子に感激し、そのお菓子に娘の名前を賜ったという、食いしん坊の王様である。

この王様はとにかく食べることが大好き。それが高じて自分でも厨房に立って料理に手を染めたという逸話があるほどだ。

そんなスタンスラスだから、お菓子のエピソードにもちょくちょく顔を出す。ババの誕生秘話にもスタンスラスの存在は欠かせない。

スタニスラス・レクチンスキーは、一八世紀前半の不安定なヨーロッパの歴史の中で、政治的激動の波にもまれ、二度にわたってポーランド王の座に就いては追われることを繰り返した後、最後は娘婿であるフランス王ルイ一五世の情けにすがってロレーヌ公国の領主となったという波乱万丈の生涯を送った人物である。

人物としてカリスマ性に欠け、かと言って政治力に長けていたわけでもないようだから王としては不適格であったのかもしれないが、彼の能力は食の領域で開花した。おそらくスタニスラス自身も政治より食べるほうに関心が高いことを自覚していたのだろう。ロレーヌのリュネビルの館に落ち着く前から、彼は自他ともに認めるグルマン（食い道楽）であった。

ババが生まれたいきさつには、いくつかの説がある。

スタニスラスには、彼が特に好んでいたお菓子があった。それは酵母で発酵させた生地を焼いたパンの一種であったが、彼はこのお菓子をそのまま食べるのではなく、わざわざ少し乾燥させた後で、これも彼が好んでいたマラガ・ワインに少しずつ浸しながら食べるのだった。

　ところがあるとき、スタニスラスはうっかりと手を滑らせてお菓子をワインのグラスの中に落としてしまった。彼はワインでぐしょぐしょになったお菓子を指でつまみ出し、しばらくためらった後、恐る恐る口に入れた。何ということであろう。それは今までにもまして柔らかく、今までにもまして芳醇な香りに満ちたお菓子に変身していたのである。感激したスタニスラスは、これをそれまでにはなかったまったく新しいお菓子として美味のリストに加え、当時ポーランドでも翻訳されて人気を得ていた『アラビアン・ナイト』にちなんでアリ・ババという名前をつけたのである。アリ・ババは後に短縮されて、単にババと呼ばれるようになった。

　一九世紀初頭にパリで『食通年鑑』を著したグリモ・ド・ラ・レニエールも著書の中でババの由来に触れ、「ババはレクチンスキーが創作した」と書いている。

　しかしこれにはもちろん異説もある。

　ここで登場するのが、スタニスラスと並んでババ伝説に欠かすことのできないもう一人の人物、ニコラ・ストレーである。

　パリのモントルグイユ通りに現在も「ストレー」という菓子店がある。現存するパリ最古の菓子店と言われ、正面には歴史的建造物であることを示す板碑が掲げられているが、この店こそニコラが一七三〇年に創設し、ババを世界中に広めた発信地である。

　そのストレーの記録によれば、ババはニコラがレクチンスキー家の厨房で働いていた一七〇〇年代はじめに、主人であるスタニスラスのために創作したものだとされる。

その頃、スタニスラスから新しい美味を要求されていたニコラは、さんざん苦心した挙句に、田舎菓子であるクーゲルホプフをスタニスラスの好きなマラガ・ワインに浸すことを思いついた。クーゲルホプフは以前からスタニスラスの食卓に出されていたもので好物のひとつだったが、王はいつも「このお菓子を食べるとのどが渇いて困る」と嘆いていたのを思い出したのである。ニコラがこの新しいお菓子をうやうやしく王に差し出すと、スタニスラスは少し怪訝な表情になった。これまで、こんなぐしょ濡れになったお菓子など見たことがなかったからだ。しかし、その表情はお菓子を口に入れたとたん、一変した。何という味わい！　王は感激してこの新しいお菓子をアリ・ババと命名した、といういきさつは前説と同じである。ただ違うのは、ニコラが王に敬意を表してこのお菓子の創作者の栄誉をスタニスラスに譲ったという点である。

逸話というのは真実と作り話がない交ぜになったもの、というのが世間の常識だから、この二つの説のどちらが本当か、などということを追求するのはやめにしよう。ひとつ言えることは、ニコラはその後、スタニスラスの娘のマリーがフランス王ルイ一五世に嫁いだのを機に、マリーとともにベルサイユ宮に移り住み、そこでも王と王妃の食卓にのせるためにせっせとババを作り続けたということだ。やがてパリ市内に自分の店を出したニコラは、スペシャリティのひとつとしてババを出し、人気を博した。その結果、ババは宮廷を飛び出して市井に広まることになったのである。

現代の研究では、ババという名前はアラビアン・ナイトとは何の関係もなく、ポーランドを含む東ヨーロッパに古くから伝わるバブカ（Babka）というお菓子からとられたものである、とする説が有力であるらしい。ちなみに、バブカというのは「お婆さん」の意味で、その名の通り、年老いた女性たちが主になって長い長い年月にわたり作り伝えてきたものである。これがドイツ（古い時代にはプロイセン）に伝わってドイツ風の名前が付けられた。すなわち、クーゲルホプフ（フランスではクグロフ）である。

学術的にはこの説のほうが信ぴょう性が高いのだろうが、いささか風味に欠けると思うのは筆者だけだろうか。

銘菓サン・トノレを巡るあれこれ

カトリックのキリスト教世界には守護聖人というものが存在する。さまざまな地域や職業ごとに、個別に守護聖人がいて、その地域の安寧や、商売の繁盛を見守っていてくれるという、まことに都合の良い信仰である。

パティシエにももちろん守護聖人がいる。聖ミカエル、すなわちサン・ミシェルである。フランスのパティシエの組合にはこの守護聖人に守ってもらいたいという意識の表れか、サン・ミシェル協会という名称がつけられている。

パン屋（ブーランジェ）の守護聖人は、サン・トノレ（聖オノレ）である。

オノレ氏は、六世紀に実在したと言われるアミアンの僧侶で、大変つつましい暮らしを送っていた。そんなある日、彼の祖母がたまたまパンを焼いているときに、オノレの額に不思議な油が注がれた。祖母は孫が聖別されたと確信し、外に出てマルベリーの芽を摘むと、それを地面に蒔《ま》いた。もしも芽から根が張れば、それは奇跡が起こったことの何よりの証拠になると思ったのだ。果たして、芽はたちまちむく

ジュール・グフェの『パティスリーの本』に掲載されたサン・トノレの挿絵。河田勝彦氏提供。

と成長し、あっという間に一本の木になった。

とまあ、これが聖オノレ誕生の瞬間であったわけだが、このとき祖母が焼いていたのがパンで本当に良かった。これがたとえば鶏肉だったりしたら、聖オノレは今頃きっと鶏肉の守護聖人になっていて、パリの銘菓サン・トノレも生まれなかったに違いない。

ここでサン・トノレに触れたのは、このお菓子を創作したのがサヴァランと同様、オーギュスト・ジュリアンであるという説があるからだ。そう主張する専門家は一人ではない。

その一方で、サン・トノレの創作者にはもうひとつの有力な説もある。ジュリアン兄弟と同時代の優れたパティシエであるシブースト説である。

シブースト説の根拠は、二つある。

ひとつはシブーストの経営するパティシエの店が、パリのサン・トノレ通りにあったこと。シブーストは、自分の店のある地域の名前と、ブーランジェの守護神の名前の両方に敬意を表して、新しく創作したお菓子にその名前をつけたというわけだ。

そしてもうひとつは、サン・トノレに詰めるクリームが伝統的にクレーム・シブーストであるという事実。クレーム・シブーストはクレーム・パティシエール（カスタード・クリーム）にメレンゲを混ぜて軽くしたもので、本来はタルト・シブーストという彼の店のスペシャリティのために考案したクリームである。これを使っているのだから、サン・トノレとシブーストが無関係であるわけがない、という論法は、かなり説得力があるようにみえる。

シブースト説の優勢は動かしがたいように思えるのだが、これに対してジュリアン説を主張する論者は、サン・トノレが世に出た一八四〇年代後半にはオーギュスト・ジュリアンはシブーストの店で働いていて、そのときにサン・トノレを創作したのだ、と果敢に反論するのである。

しかし、残念ながらオーギュストがシブーストの店で働いていたという証拠はない。年代的にも、一八四〇年代後半にはすでにジュリアン兄弟の店が創業しており、オーギュストがシブーストの店で働く理由が見当たらないのである。

というわけで、ここでは一応シブースト説の判定勝ちということにしておくが、いささかの疑念は残る。

一九世紀末に活躍し、料理やお菓子の歴史について著作を遺したジョセフ・ファーヴルとピエール・ラカンの本には、本来のサン・トノレは現在のようなシュー生地を使ったお菓子ではなくブリオシュ生地を使って作られており、中に詰めるクリームも泡立てた生クリームだった、とはっきり書いてある。クレーム・シブーストではなかったのである。後にクレーム・シブーストが使われるようになったのは、パリで生クリームが手に入りにくい夏場に、その代用品として採用されたのだ、とファーヴルはその理由を説明している。時期的にもおそらく一八五〇年代より後のことだろう。

一八四〇年代後半に創られたときのサン・トノレが本当はどんなものだったのか、今となっては誰にもわからないわけだから、誰の説が正しくて誰の説が間違っているか、それを確かめるすべはない。

いずれにしても、サン・トノレは現代フランス菓子の黎明期に次々と登場した銘菓のひとつではあるけれど、その細部を見ればブリオシュにしろ、シュー生地にしろ、泡立てた生クリームにしろ、クレーム・シブーストを形成するクレーム・パティシエールやメレンゲにしろ、どれをとってもこの時代に創作されたものではなく、カレームの時代から、いやそれよりもっと昔から、パティシエたちに愛用されてきた素材ばかりである。

そういう意味では、サン・トノレの斬新さやオリジナリティも、そうした古くからなじみのある素材の組み合わせ方の斬新さであり、オリジナリティであるにすぎないともいえるわけである。

洋菓子は芸術である。

この言葉には嘘はない。しかし、その芸術はひとりの独創的なパティシエのひらめきによってのみ生まれたものではなく、数百年にわたって積み重ねられてきた洋菓子の歴史との共同作業から生み出されたものなのである。

column

ショートケーキのショートって何？

日本の洋菓子には四大定番というものがある。ショートケーキ、シュークリーム、モンブラン、チーズケーキがそれで、一昔前の洋菓子店だったらたいがいこの四つのアイテムが冷蔵ショーケースの中に並んでいた。最近では洋菓子の種類も多様化しているので必ずしも四大定番のすべてが揃っているとは限らないが、よほどこだわりを持ったフランス菓子専門店でもない限り、少なくともショートケーキとシュークリームは置いてあるのではないだろうか。

純粋なフランス菓子であるシュークリームはともかくとして、ショートケーキが日本で定番の洋菓子になったのはなぜだろう？

そもそもショートケーキの発祥の地は日本ではなくイギリスである。ただ、イギリスのショートケーキは日本のショートケーキと同じものではない。

少し古いイギリスの料理書からショートケーキのレシピを引いてみよう。

小麦粉　3カップ、バター　大さじ3、サワークリーム　1カップ半、卵　1個、砂糖　大さじ1、重曹　小さじ1、塩小さじ1

作り方：重曹を少量のぬるま湯に溶いておく。サワークリームに卵を少しずつ加えながらよく混ぜる。小麦粉に砂糖と塩を加え、さらに小さく切ったバターを加えて滑らかな状態になるまで混ぜる。上記の三つを一緒にしてできるだけ軽く混ぜ合わせる。めん棒ですばやく伸して熱いオーブンで焼く。

Dr. Chase's Third, Last, and Complete Receipt Book(1888) p.297

これを見て気がつくのは、このショートケーキがスポンジ・タイプではなくビスケット・タイプの生地だということである。作り方もいわゆるフラワー・バッター法というイギリスの伝統的なケーキの作法に則《のっと》っている。

イギリスではこのショートケーキをベースにしてさまざまな種類のショートケーキを作る。中でももっともポピュラーなのはストロベリー・ショートケーキで、たいがいの料理書にレシピが載っている。当然のことながらこのストロベリー・ショートケーキも日本のストロベリー・ショートケーキとはかなり違う。

イギリスのショートケーキの歴史は非常に古く、その名前が料理書に見られる最古の例はエリザベス朝時代の一五八八年にさかのぼるとされている。それから一〇年ほど経た一六〇二年にはシェイクスピアの『ウィンザーの陽気な女房たち』第一幕一場にこの言葉が出てくる。

なぞなぞの本ですって？　それなら去年の万聖節の二週間前の聖ミカエル祭のときにアリス・ショートケーキさんに貸しませんでしたっけ？

ここではショートケーキは人名になっているが、シェイクスピアがなぜ人の名前にこの言葉をつけたのかの詮議はさておいて、ショートケーキがとても古いお菓子だということはこれを見てもわかる。

その後アメリカに渡ってショートケーキは

一段と洗練されたお菓子に進化するが、ここでも本体はクッキー・タイプの生地である。これは語源を考えてみれば当然のことで、ショートケーキのショートというのは長さや範囲とは関係なく、サクサクとした食感を表す言葉なのである。

サクサクとした食感のことを英語ではショートネス（shortness）という。生地にショートネスを与えるのは、もっぱら油脂の役割である。小麦粉に水分を加えて練るとグルテンというたんぱく質が生成され、それが網目状に結合して生地にしっかりとした弾力をもたらす。これはパンの生地であれば非常に有用な性質だが、ビスケットなどの生地では焼き上がりが固くなってしまうのでかえって邪魔である。油脂にはこのグルテンの生成を抑える特性がある。それゆえ多量の油脂が加えられたビスケット生地を焼くとサクサクとした食感、すなわちショートネスが得られるわけだ。ショートニングという油脂も、本来は生地にショートネスを与えるために考案されたものである。

油脂がたくさん入ってサクサクとした食感のお菓子だからショートケーキ。この実に単純明快なネーミングが、日本ではあっさりと無視された。

ショートケーキが日本に紹介されたのは大正時代とも昭和初期とも言われ、その紹介者にも諸説があるようだが、その時点ですでに日本のショートケーキはスポンジケーキと泡立てた生クリームを組み合わせたものだった。これにはやはり日本独特の食に対する嗜好が影響したものと思われる。日本で最初にショートケーキを作ったのが誰であれ、その人物はイギリスやアメリカのショートケーキをそのまま出しても日本では売れないと考えたに違いない。ふわふわと柔らかい食感。欧米人だったら「歯ごたえがなくて頼りない」と非難しそうなこの食感こそが、饅頭や餅になじんだ日本人の好むところなのである。

というわけで、名前とは裏腹なソフトでしっとりとした日本製のショートケーキが誕生した。しかし、これでは菓名の由来を訊かれたときに答えに窮してしまう。そこでその矛盾を取り繕うために「このケーキは生ものなので作ってすぐに食べなければならない。つまりショートタイムで食べるからショートケーキである」とか、「このケーキは小さく切り分けて売られている。ショートサイズのケーキだからショートケーキである」などという珍妙な理屈が考え出された。

いずれにしても、食べる側にとっては名前などどうでも良いことで、日本式に換骨奪胎されたショートケーキは結果として大正解だった。そのソフトな食感に加えて、生クリームといちごの白地に赤という色の組み合わせがまさしく日本人の心を捉え、あっという間に日本の洋菓子の定番の地位に昇りつめたのである。今では本家のイギリスやアメリカ、さらにはフランスでさえも、日本式のショートケーキが好まれるようになっているというからおもしろい。

episode

11

ビュッシュ・ド・ノエル

Bûche de Noël

伝統的なクリスマスのデザートというと、あなたは何を思い浮かべるだろう？　ナッツや砂糖漬けのフルーツ、ブランディがたっぷり入った噛みごたえのあるフルーツケーキ？　ハードソースと一緒に出される、レーズンがぎっしりの温かいプラム・プディング？　それとも、クリスマスの飾りの形をして、色とりどりのアイシングがかかった、口の中でとろけるようなバター・クッキーかな？　そうそう、チョコレート・ケーキに風味たっぷりのクリームを詰めて伝統的な薪の形に巻き上げた、あのすばらしいフランスのビュッシュ・ド・ノエルを忘れてはいけないね。

『オレンジ・コースト・マガジン』一九八六年一二月号から

風習は廃れ、お菓子は栄える

皆さんがビュッシュ・ド・ノエルという言葉を聞いて連想するものは何だろう？　たぶん、クリスマスの時期になるとフランス中の菓子店の店頭に並ぶ、あの薪の形をしたケーキではないだろうか。

確かに今では、フランス人でもビュッシュ・ド・ノエルといえば「クリスマスケーキ」と答える人がほとんどだろう。しかし、もともとそうだったわけではない。

一七七七年に出版された書物に、こんな一文がある。

田舎の人びとは、クリスマスのミサで燃やしたビュッシュ・ド・ノエルの灰を家に持ち帰り、それを春に蒔く麦の種に混ぜておくと虫の害や雑草から麦を守ってくれると信じている。しかしこれは、とんでもない迷信である。

ここに出てくるビュッシュ・ド・ノエルは、もちろんお菓子ではない。本来の意味のクリスマスのビュッシュ、すなわち薪のことである。この時代にはまだ、お菓子のビュッシュ・ド・ノエルは誕生していなかった。

クリスマスに薪を燃やすという風習は、フランスに限らずヨーロッパの各地に昔からある。本来は、今から一〇〇〇年以上も前にヨーロッパ北部に定着したアングロ・サクソン人の土着の習俗に由来するようだが、キリスト教が広まるにつれて、クリスマス・ツリーなどと同様に、こうした異教徒の習俗がキリスト教に取り入れられてクリスマスと結び付けられたものらしい。英国では、比較的最近までこの風習が生きていた。

ビュッシュ・ド・ノエルのことを英語ではユール・ログ（Yule log）という。ユールはキリストの降誕祭、すなわちクリスマスを意味する。ログは、ログ・ハウス（丸太小屋）という言葉があるように、丸太のことである。

この丸太をクリスマスの時期に燃やすのは、先の引用文にもあったように、そこに神秘的な力が宿っていると信じられていたからである。ただ、その神秘的な力は、灰だけに宿っていたのでもなければ、農産物の無事・豊作をもたらすだけのものでもなかった。むしろ、燃えている最中に薪が上げる炎こそが重要であり、その力のおよぼす範囲も農事に限らず人びとの幸運や幸福、繁栄といった幅広いものであった。

この風習の根底にあるのは、太陽の光と暖かさへの渇望である。クリスマスの時期を考えていただきたい。キリストが降誕したとされる一二月二五日は、一年の中でいったいどんな季節だろうか？　いや、そもそもキリストが生まれた日付について、確かな根拠があるわけでもないのにどうして一二月二五日と決められたのだろう？

この疑問を解く鍵は「冬至」にある。

冬至は言うまでもなく、一年のうちで一番昼が短く夜が長い日である。年によって変動はあるが、現代のヨーロッパではだいたい一二月二一日か二二日だ。天文学の知識のなかった昔の人びとは、この昼が短く夜の長い一日に特別の意味を与えた。なぜなら、この日を境に暗くて寒い夜の支配が終わり、明るくて

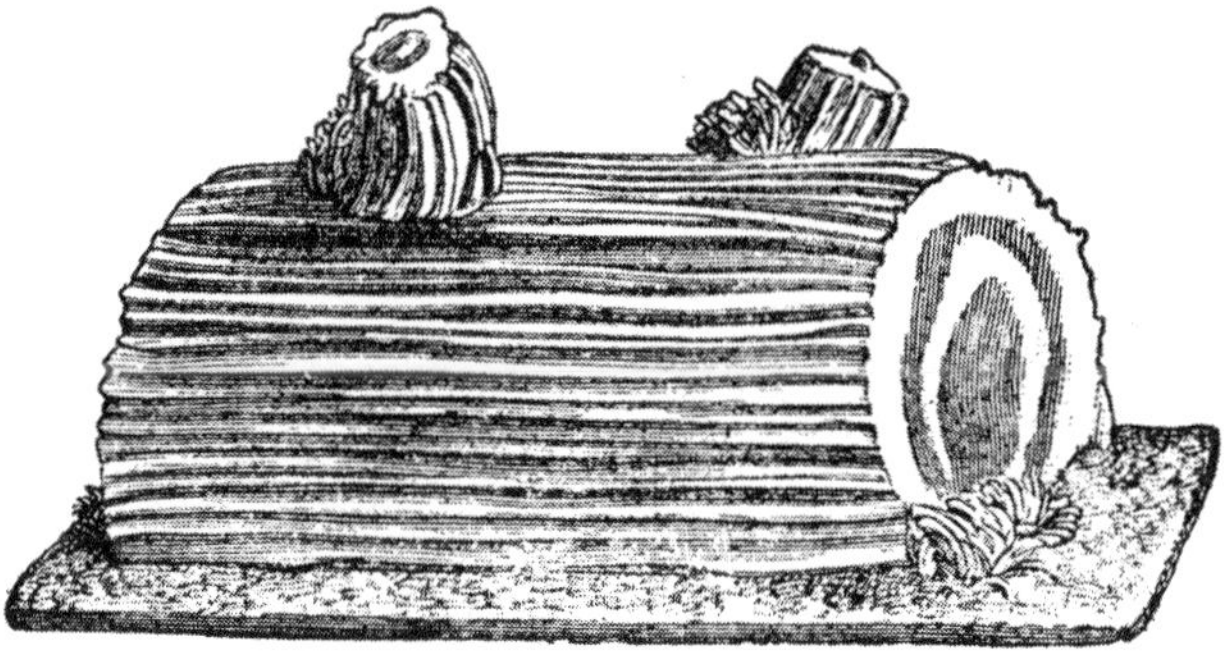

Bûche de Noël.

ラカンの『パティスリーの新覚書』に掲載されたビュッシュ・ド・ノエルの図。

暖かい昼が再び力を取り戻し始めると考えたからである。明るくて暖かな昼がもたらしてくれるもの、それは農作物の豊穣であり、活気に満ちた人びとの暮らしに他ならない。

だからこそ、昔の人は冬至を神秘的な特別の日として祝ったのである。キリストの誕生日も、早い話、いつでも良かったわけだが、冬至にこめられた庶民の光と暖かさの再生への願望をちゃっかりと利用して、一二月二五日に強引に割り振ってしまったのである。ちなみに、これを決めたのは西暦三四五年のキリスト教の公会議のときだとも言われているが、その真偽はともかく、昔のキリスト教の偉い人の中にも知恵の働く者がいたということだろう。

ビュッシュ・ド・ノエルを燃やす炎に不思議な力が宿っているとされたのは、それが夜の支配が終わった後の太陽の再生を象徴するものだったからである。

さて、そのビュッシュ・ド・ノエルがお菓子に変身したのは、いつ、そしてどんないきさつでそうなったのだろうか？

これについて確かなことは、例によって霧の中である。多くの資料で定説のように説かれているのは、ピエール・ラカンが一八九八年に創作した、という説である。確かにラカンの『パティスリーの新覚書』という書物には、ビュッシュ・ド・ノエルのレシピと図版が掲載されている。しかし、ラカンはそこで（あるいは書物のほかの場所でも）ビュッシュ・ド・ノエルを創作したのが自分であるとは一言も書いていない。

ビュッシュ・ド・ノエルのレシピは一八九九年刊のジョセフ・ファーヴルの『実用料理大辞典』にも載っているのだが、ここでも創作者の名前にはいっさい触れられていない。さらに、お菓子としてのビュッシュ・ド・ノエルへの言及は一八九四年に出版された『英国料理と菓子』という書物の中にすでに見られるので、ラカンにしろ誰にしろ、一八九八年に創作したと断定するのにはいささか無理がありそうだ。

こうしたことから考えて、ビュッシュ・ド・ノエルに対するピエール・ラカンの功績は、単にそのレシピを初めて書籍の中に記録した、ということに尽きるように思える。

ビュッシュ・ド・ノエルの起源については、ピエール・レオンフォルトというフランスのジャーナリストが、二〇〇〇年一二月一七日付のフィガロ紙でなかなか興味深い追跡を行なっている。以下、『ビュッシュ・ド・ノエル、そのジグザクの歴史』と題されたコラムの内容を簡単に紹介してみよう。

レオンフォルトは、まずビュッシュ・ド・ノエルの風習について手短に説明した後、ピエール・ラカンの一八九八年の本にビュッシュ・ド・ノエルというお菓子のレシピが載っているという事実を確認する。さらに、フランス南部の都市ボワロンにある有名なチョコレート・ショップ、ボナ（Chocolatier Bonnat）の現在のオーナーであるステファーヌ・ボナに触れ、創業者である彼女の祖父フェリックスの一八八四年の日付のあるレシピ帳の中にチョコレート・ガナッシュで作ったビュッシュのレシピが載っており、そこにはこのレシピが一八六〇年頃にリヨンで創り出されたものであることが書かれているという暗示的な話を紹介している。果たして、そのレシピがビュッシュ・ド・ノエルの真のオリジナルなのだろうか？　それについては、残念ながらフェリックスは何も触れていないらしい。

次にレオンフォルトがとり上げるのは、パリの有名店ラデュレによる「ビュッシュ・ド・ノエルは一九世紀の終わりにパリのパティシエが創作した」という、いささかあいまいな説である。この説があいまいなのは、そのパティシエがどこの店の誰かという点が説明されていないからだ。これではとても誕生エピソードのリストに加えることはできない。

次の説は、これに比べればはるかにもっともらしく感じられる。

フランスの食ジャーナリスト、エレーヌ・ルルサが著書の中で「ビュッシュ・ド・ノエルは、一八三四年にパリのラ・ヴィエイユ・フランスのパティシエが、伝統的なクリスマスの薪の代用として、チョコレートのバタークリームで樹皮そっくりに仕上げたデザートを創り出した」と主張しているというのだ。

ラ・ヴィエイユ・フランスはパリに古くからあるパティスリーの店だが、一八三四年といえばこの店が創業した年である。創業早々にビュッシュ・ド・ノエルを誕生させたとなれば、これはかなり革新的な店だったということになる。しかし、この年代についてはちょっと疑わしい。というのも、一八三四年には現代的な意味でのパティスリーはいまだ発展途上だったからだ。サヴァランやサン・トノレといった現代フランス菓子のさきがけとなるような銘菓が誕生したのも一八四〇年代以降のことだというのは、エピソード10で書いたとおりである。スポンジ生地のロールにバタークリームをあしらったビュッシュ・ド・ノエルのような現代的な洋菓子が、それ以前に誕生していたとは考えにくいのである。

仮に、ビュッシュ・ド・ノエルを最初に作ったのがラ・ヴィエイユ・フランスのパティシエであったと

暖炉で燃やす丸太はロープで結んで皆で引っ張る。
Christmas:Its Origin And Associations（1902）の挿絵から。

しても、その時代は一八三四年ではなく、ずっと後のことだったに違いない。

というわけで、結局、レオンフォルトもビュッシュ・ド・ノエルの起源について決定的な事実を掘り起こすことはできなかったのだが、ラ・ヴィエイユ・フランス説でひとつ注目すべきは、伝統的なクリスマスの薪の代わりにそっくりの形のお菓子を作った、という点であろう。

なぜ、薪の代わりにお菓子が必要だったのだろう？

お菓子のビュッシュ・ド・ノエルが登場した一九世紀の後半は、庶民的なブルジョワが台頭した時期である。大富豪のブルジョアや貴族の屋敷と違って、彼らの家は狭く、設備も簡素だった。一方、伝統的なビュッシュ・ド・ノエルに使うビュッシュは巨大である。薪というと小さなものを想像しがちだが、クリスマスの薪はログ、すなわち丸太なのだ。それというのも、ビュッシュ・ド・ノエルもしくはユール・ログは火を灯した後、クリスマスの時期が終わるまで決して火が消えることがあってはならなかったからだ。それは人びとの願いがこめられた希望の炎であり、それが途中で消えてしまうようなことになれば、人びとの願いもむなしくしぼんでしまう。だから、ビュッシュ・ド・ノエルは少なくとも数日間は燃え続けねばならなかった。

そんなに長い間燃やし続けるためには、必然的にそれだけの大きさを持った薪が求められる。だからクリスマスのビュッシュは丸太そのものだったのである。

しかし、大富豪の大きな館ならばともかく、庶民的なプチ・ブルジョワの住むアパートの狭い部屋のどこに一本の丸太をくべることのできるような大きな暖炉が備わっているというのだろうか。さらに、アパートの三階や四階の部屋まで丸太を運び上げるのだって、決して楽な仕事ではない。

というわけで、ビュッシュはだんだんと小さくなり、やがて自宅に暖炉そのものがない家が増えるにつれて、街角のパティシエの店で手軽に買い求めることのできるお菓子のビュッシュ・ド・ノエルが重宝されるようになったのである。

今ではクリスマスに暖炉で丸太を燃やす風習はすっかり廃れてしまった。しかし、それにとって代わったお菓子のビュッシュ・ド・ノエルは、フランスのみならず、世界中のあちこちに勢力を広げ、いまやクリスマスケーキの代表とも言うべき地位におさまっているのである。

プディングにこめられた英国人の情熱

フランスと英国というヨーロッパの二つの大国は、これまでの一〇〇〇年以上におよぶ長い歴史の中で、何かにつけて張り合ってきた。洋菓子だって例外ではない。

ビュッシュ・ド・ノエルがフランスを代表するクリスマスケーキだということに疑問の余地はないだろう。だったら、それに対抗する英国のクリスマスケーキはいったい何か？

英国人にこの問いかけをしてみよう。間違いなく、返ってくる答えはこうだ。

「それはプラム・プディングに決まってるでしょう！」

英国はプディングの国である。これまでにも、実に多くのプディングが英国の食卓を埋め尽くしてきた。その種類は何百、いや、何千とあり、プディングだけを対象とする料理書や製菓書もたくさん出されている。

もちろんフランスにもプディングやそれに類する食べ物がないわけではないが、その由来をたどってみるとほとんどすべてが英国に行き着く。たとえば、フランスの甘いプディングでよく知られており日本のプリンの原型となったクレーム・カラメルは、英国のカスタード・プディングの変形である。クレーム・カラメルのベースとなるクリームを「クレーム・アングレーズ」と呼ぶのが、それが英国由来のものであることを示す何よりの証拠だろう（アングレーズは「英国の」という意味）。

その多種多様な英国のプディングの中で、もっともよく知られ、もっともよく作られてきたのが、プラム・プディングである。その知名度のみならず、堂々たる外見や風格溢れる存在感からしても、まさにプディングの王者と呼ぶにふさわしいプディングの中のプディングである。

プラム・プディングはもっぱらクリスマスの時期に作られ、食べられてきたので、クリスマス・プディングとも呼ばれる。そのレシピは英国でこれまでに出版されてきたほとんどの製菓書に載っている。

ひとつ紹介しよう。これは一七八八年に出された『料理技法』という書物に掲載された古いレシピである。


スエット一ポンドを粗刻みにし、一ポンドのカレンズおよび一ポンドの種抜きレーズンを加えて混ぜておく。八個の卵をよくかき混ぜて半パイントの牛乳を加え、さらによく混ぜる。これに一ポンドの小麦粉を少しずつふるいながら入れて混ぜ、最後にカレンズおよびレーズンを混ぜたスエットとすりおろしたナツメグ、しょうが、半パイントの牛乳を加えて混ぜ、固さを調節する。湯の中で五時間ボイルする。


このレシピを見て不思議に思わなかっただろうか？

プラムが入ってないじゃないか！

プラム・プディングなのだから材料の中に当然プラムが入っていると、誰もが思うだろう。しかし、プラムは入っていないのである。ここで紹介したレシピが特別なのではない。他の料理書のレシピを見ても、古いものであれ新しいものであれ、材料の中にプラムの名前を見つけることはできない。その代わり、必ず入っているのがスエット（牛の腰部の固形の脂）とカレンズおよびレーズン（どちらも干しブドウ）である。

プラムが入っていないのに、どうしてプラム・プディングという名前がついているのか？『オックスフォード英語辞典』には次のように書かれている。

このプディングにはもともとプラムが使われていたのでその名前がついた。その後、レーズンがプラムに代わって使われるようになり、プラムという言葉もレーズンを意味するようになった。

この説明の中の「もともと」というのがいつ頃のことを指すのか定かではないが、一八世紀以前であることは確かである。

プラム・プディングがクリスマスと結びつけられたいきさつについても、実は諸説が入り乱れている。その中でもおもしろいのが、「一七一四年の英国王ジョージ一世のクリスマス・ディナー」説である。英国王ジョージ一世は玉座について初めてのクリスマスである一七一四年一二月二五日のディナーにプラム・プディングを出すよう家臣に命じた。これを契機にクリスマスにプラム・プディングが作られるようになり、それゆえジョージ一世は「プディング・キング」という愛称で呼ばれるようになった。

これがその説の概要である。しかし、奇妙なことに、この説を裏付ける資料は、一八世紀初頭の当時から一九世紀末にいたるまで、ひとつとして存在しない。二〇世紀に入ってから一部のジャーナリストや料理研究家たちが突然のごとく言い始め、それが一般に広まって定着したのである。しかも、当のジャーナリストや料理研究家たちは、その根拠についてはなぜか沈黙を守ったままなのだ。

この疑問に、食文化の社会歴史家でありキュイジニエ・パティシエでもあるアイバン・デイが明快な答

Scrooge's third Visitor.

チャールズ・ディケンズの『クリスマス・キャロル』のために描かれたジョン・リーチの挿絵。これはケチで強欲なスクルージ爺さんの前に現れた３番目の精霊で、スクルージの目の前にクリスマスの日の楽しみを現出して見せたところ。一番手前の床の上に皿にのったボール状のクリスマス・プディングが見える。その右上は、これもクリスマスにつきもののミンス・パイ。

えを出している。彼は、一九一一年に発行されたストランド誌に載った『王室の家庭生活』と題された記事を見つけ出した。この記事は英国王室の承認のもとに掲載されたもので、一九一一年のクリスマスの王室一家の集まりについて書かれたものである。その中に次のような記述がある。

朝食の後、皇太后から返礼があった。それは子どもたちがクリスマスの食事を楽しむためのごちそうで、その中には伝統的な七面鳥のローストやソーセージ、プラム・プディングが含まれていた。特に、最後のものは王室がジョージ一世の時代から代々受けついできて、今もウィンザー城の厨房で保管されているレシピに基づいて作られたものだった。

デイは、この記事が二〇世紀になってジョージ一世のプラム・プディングに関する話が急浮上した源泉になったのだろうと推測している。なるほど納得、である。

実際には、プラム・プディングをクリスマスの時期に食べる習慣は中世の頃からあったと言われている。そのレシピも、大昔には現在と違って、肉なども入ったどちらかと言うと料理に近いものだったようだ。その時代には、飼料が不足する冬になる前の秋の遅い季節に家畜を屠殺して食肉に加工するのが普通だった。しかし、いくら気温の低い季節とはいえ、生の肉を長い期間保存しておくことはできない。そこで、ドライフルーツやスパイスと一緒にしたものを布袋に詰めてボイルし、袋ごと梁から吊るすなどして乾燥させ、保存したのである。その時期がたまたまクリスマスや公現節の時期に重なっていたので、クリスマスの特別料理として利用されるようになったのかもしれない。

さらには、別の理由も考えられる。

プラム・プディングを作るためにはいろいろな材料を入れなければならない。スエットやレーズン、卵、牛乳、スパイスなどなど。単純な材料を単純に調理するだけだった当時の料理からすれば、これはたいへん贅沢なごちそうである。これがどれだけ贅沢な食べ物であったかは、一七世紀半ばに英国で起こった清教徒革命の際に、あらゆる奢侈《しゃし》を排した革命政府によりプラム・プディングを作ることが禁じられた、という逸話からもうかがい知ることができる。そんなごちそうは、やはりクリスマスのような特別なときに食べるのがもっともふさわしい。

いずれにしても、プラム・プディングは英国の人びとにとって特別な食べ物であり、それをクリスマスの時期に食べるのは、特に子どもたちにとっては大きな喜びとなってきたのである。

ビュッシュ・ド・ノエルの炎や灰と同様、プラム・プディングも人びとに繁栄と幸福をもたらす世俗信仰の対象である。英国では、プラム・プディングを作るのは一種のセレモニーですらある。そのセレモニーは次のようにして行なわれる。

作り始めるのは、クリスマス期間であるアドベントが始まる直前の日曜日。まず、一家の主婦が下ごしらえをする。次に、その家の全員か、少なくともすべての子どもたちが、順番に必ず一回は生地をかき混ぜる。そのときに願い事を神に祈る。生地の中に銀貨かあるいは銀製の小物を混ぜ込むこともよく行われる。銀は富を象徴するものだからである。それから、現在では生地を型に詰めて蒸し焼きにするのである。

昔は型を使わず、布で作った袋に詰めてボイルした。型に詰めるのはそのほうが簡便だからだが、伝統を重んじる人たちの中にはいまだに布袋で作ることにこだわる人も少なくない。少し古いが、一八六八年

楽しいクリスマス・プディング作り。
材料を混ぜ（上）、布の袋に詰めてボイルし（中）、さあ召し上がれ（下）。
19世紀の版画から。

に出された『ロンドン・ソサイエティ』という本の中にこんな文章がある。

布によってできた襞がその愛すべき球のような形に優しく融けこんで、何という優雅な輪郭を造り出していることだろう！　それはまさに私の喜びだ。喜びと言ったのは、私は布を使わずに作ったクリスマス・プディングに良いものはないと、心から信じているからである。それは伝統の一部であり、決しておざなりにしてはならないものなのである。


英国人のプラム・プディングに注ぐ熱い情熱が伝わってくるようではないか。

フランスのビュッシュ・ド・ノエルと英国のプラム・プディング。どちらもそれぞれの国の国民性が現れていておもしろい。

もちろん、クリスマスのお菓子は他の国にもある。ドイツにはドイツなりの、イタリアにはイタリアなりの、そのほかの国にもその国なりの伝統的なクリスマスのお菓子があり、それぞれが興味深い逸話で彩られているのである。

たとえば、オランダ圏の国にはスペキュラースというクリスマスの時期に作られるお菓子があり、その特有の模様にはなかなか深い意味が潜んでいたりする。

しかし、その話は次のエピソードで語ることにしよう。

episode

12

パン・デピス

Pain d'Epice

第四の詩人（手にとったブリオシュを見つめながら）
　このブリオシュは帽子を斜めにかぶってるぞ。
（彼は歯でその帽子をかじりとる）
第一の詩人
　このパン・デピスのやつ、アンゼリカの眉毛のついたアーモンドの眼で、腹をすかせたへぼ詩人を睨んでいやがる！
（彼はパン・デピスにかぶりつく）
第二の詩人
　聞こうじゃないか。
第三の詩人（シューを指先で軽く押さえながら）
　このシューはクリームのよだれを垂らしてるぞ。おや、笑ってる。
第二の詩人（菓子でできた大きなたて琴をじかにかじりながら）
　たて琴で腹を満たすなんざ、初めてだ。

エドモン・ロスタン『シラノ・ド・ベルジュラック』（一八九七）から

歴史の重みが詰まったお菓子

パン・デピスはとてもとても古いお菓子である。一六八〇年の『フランス語辞典』には、もうすでにパン・デピスが独立した項目として掲載されている。

パン・デピス：名詞、男性。ハチミツとライ麦粉、四種類のスパイスから作られた生地を窯で焼き、一リーブル（五〇〇グラム）の固まりか、小さく切り分けられたものが売られている。

ハチミツとライ麦粉、もしくは小麦粉を使って作るパンは、これはもうパンや洋菓子の原型とも言うべきものである。おそらくその起源は古代にまでさかのぼる。こうした原始的ともいえるパンが、やがて長い長い歴史の中で、さまざまな製法の改良や材料の改善を経て、現代のパンや洋菓子に進化してきたのである。

ここで原料のひとつとして名前の挙がった「四種類のスパイス」に注目したい。フランス語でカトル・エピス（Quatre épices）といえば、現在でもフランス料理のレシピにしばしば登場する定番の香辛料である。通常は、シナモン、クローブ、ナツメグ、ペッパー（こしょう）を指す。

周知のように、フランスに最初からスパイスがあったわけではない。中世の頃までは、インドなど東洋の産地からイスラム諸国を経てごくわずかな量が輸入されていた。本格的な普及は、一五世紀から一七世紀にかけてヨーロッパ諸国の大帆船群が世界の七つの海を駆け巡って、アジア大陸や南北アメリカ大陸の各地を植民地化しながら新奇な文物を、時には平和的に収集し、時には強大な武力によって収奪してまわった、あの大航海時代の成果のひとつとしてもたらされたものなのである。アメリカ大陸を発見したコロンブスが一四九二年に航海に乗り出したのも、本来の目的はスパイスの利権の獲得にあったといわれ、当初目ざしていたのはインドだった。

したがって、パンにスパイスが用いられるようになったのはその時代より後のことになる。地元で産出されず、アラブ地域を経由して輸入するか、あるいは危険をともなう航海によって手に入れるしかなかったスパイスは、他の物品に比べて入手するのに当然手間も費用もかかり、中世以前にはきわめて貴重で高価なものだった。一〇グラムのスパイスの価格は一〇グラムの金の価格に匹敵するといわれたほどである。

そんな高価なスパイスが、どうしてパン・デピスのような庶民的な食品に使われるようになったのかというと、大航海によってヨーロッパ諸国の植民地政策が急速に進んだ結果、物品の流通経路が安定してスパイスが手に入りやすくなったことに加えて、ヨーロッパ各地でも栽培されるようになってその希少性が薄れたからである。

スパイスはもともと食品というよりは薬品であった。日常の食べ物であるパンにスパイスを加えたのも、スパイスに腐敗を抑える効用があると信じられたためである。実際にパン・デピスには保存食としての一面があり、ビスケットと同様、大航海のような長期にわたる旅の食料として重宝された。食品の保存技術が未熟であった当時にあっては、何ヶ月間も変質せずに保存できるパン・デピスは、まさに時代のニーズに合った食べ物だったのである。

さて、先に紹介したフランス語辞典には、パン・デピスの項目に続いてパン・デピシエ（Pain d'épicier）という項目が立てられている。

パン・デピシエ：名詞、男性。パン・デピスを作って売る者。

その後には、用例として、

その店はパリでもっとも優れ、もっとも豪勢なパン・デピシエである。

という一文が付け加えられている。

パン・デピシエというのは単なる名詞ではない。パティシエやブーランジェと同様、フランス革命以前のアンシャン・レジームの時代には公的に認められたコルポラシオン（ギルド）のひとつだった。ある資料によると、パン・デピシエがコルポラシオンとしてその地位を固めたのは一五七一年のことで、一五九六年にはランスのパン・デピシエ組合がアンリ四世から正式に認可を受けたのだという。

フランス北部シャンパーニュ地方の古都ランス（Reims 古くは Rheims）は、昔からパン・デピスの産地として知られていた。

『三銃士』の著者として知られるアレクサンドル・デュマが大著『料理大辞典』の中で次のように書いている。

大昔から優れたパン・デピスはランスで作られてきた。一五世紀の終わり、ルイ一二世の時代にはすでにその名声を謳歌していたのである。パリでも同様の菓子が作られているが、その序列はランスに次いで二番目である。

また、一七八二年に出版されたルグラン・ドッシーの『フランス人の私生活史』第二巻の「パティスリー」という章の中にもこんな文章がある。

シャルル・エティエンヌの時代には、ランスのパン・デピスはすでに名声を得ていた。シャンピエによれば、パリにも有名なパン・デピスがあったが、それにはハチミツが入っていなかった。ランスは、前世紀の終わりに、クロケ（Croquet）という名前の別の種類のパン・デピスで再び知られるようになった。私たちは、ショリユーの数々の詩の中で、彼が女性にランスの上等のクロケを贈ったことを詠《うた》った美しい一節を読むことができる。

ちなみに、シャルル・エティエンヌは一五世紀初頭の解剖学者、シャンピエは同じ時代の医師、ショリユーは一七世紀末の詩人である。

実際には、ショリユーがクロケのことを書いたのは詩の中ではなくラッセ公爵夫人宛の手紙の中なのだが、それはともかく、ここに出てきたランスのクロケは固いビスケット状のパン・デピスである。クロケという言葉自体が、カリカリした食感を表すもので、ナッツなどを砂糖で絡めてカリカリに焼き上げたク

ランスの伝統的なパン・デピス。

ロカントというお菓子や、さまざまな素材をパン粉で包んで油でカリカリに揚げたクロケット（日本のコロッケのもとになった料理）はその同類といえる。

一八世紀頃までは、パリにもパン・デピス売り（Marchand de Pain d'épice）がたくさんいて、人の集まる場所で、「クリンカだよ、クリンカ、すてきなクリンカ、アニス入りのパン・デピスだよ」と売り声を上げながら道行く人にクロケを売る姿がよく見られたという。このクリンカという言葉もクロケから派生したものらしい。

デュマに二番目だと言われながらも、パリのパン・デピスも古くから人びとになじみのあるお菓子で、パリジャンたちの愛着は強かった。一八世紀から一九世紀への変わり目の頃、パリには何軒ものパン・デピスの専門店があった。当時のグルマン必携の美食ガイドブックであったグリモ・ド・ラ・レニエールの『食通年鑑』第六巻にも、抜け目なく「パン・デピス製造所」の項目が盛り込まれている。

パリでもっとも優れたパン・デピス製造所は、常にモンターニュ・サント・ジュヌビエーブのアマンディエ街にあるエマール氏の店である。そこで見られるすばらしい菓子はパン・デピスだけではない。ノネットやマカロン・スフレもまた然り。これらはいずれもハチミツとライ麦粉の見事な結びつきによって得られたものである。

華やかで舌がとろけるような現代フランス菓子の中にあっては、見た目が地味で、固く、風味にクセのあるパン・デピスはもはや脚光を浴びる存在ではありえない。しかし、そのギュッと目の詰まったどっしりとした質感を通して、私たちは長い歴史の重みを感じとることができるのである。

噛めば噛むほど味が出る。若い者にはまだまだ負けんぞ、という頑固な老人のような気概に溢れたお菓子ではないか。

サンタクロースって誰？

固いビスケット状のパン・デピスというと、洋菓子のファンであれば英国のジンジャーブレッドやドイツのレープクーヘンを思い起こす人もいるだろう。

こうしたお菓子は、実はクロケと呼ばれるパン・デピスの直接の親戚である。

英語でハニー・ブレッドと一括して呼ばれるお菓子の起源はパン・デピスと同様きわめて古い。

南イタリアのカラブリアという小さな町に古代ローマ時代から伝わるムスタッチオーリ（Mustaccioli）は、小麦粉と水、ハチミツ、そしてモスト（mosto）というぶどうの圧搾液で作られる固いビスケットである。ムスタッチオーリという名前は材料のひとつ、モストに由来する。

ムスタッチオーリはさまざまな形に成形されて焼かれるが、これは人びとがこのビスケットを信仰の対象にしていたことの表れで、地元の菓子店はこれを聖ロッコへの供物として作っていた。手や足など体の一部の形に焼いたムスタッチオーリは、その部分を傷めている人が治癒を願って聖日に捧げたのである。また、聖日に人びとは安堵を願ってムスタッチオーリを聖人の像にこすり付けてから奉納の籠に入れた。このムスタッチオーリは翌日売りに出され、その収益が村人の祝祭のための費用にあてられたという。

ちなみに、ムスタッチオーリは今でもナポリ近郊のクリスマスや復活祭のためのお菓子として広く知られているが、これは菱形のクッキーにチョコレートをかけたもので、古い時代のスタイルはほとんど名残りをとどめていない。

古代ローマのムスタッチオーリは、時の流れとともに北上し、さまざまなバリエーションを生み出しながらヨーロッパ各地に広がっていった。広がる過程で、そこにそれまでにはなかった要素、すなわちスパイスが加わった。その背景には、十字軍の遠征が関係しているという説が有力だ。

英国では、それはジンジャーブレッドとして知られる。

パン・デピスがその初期にはきわめて高価でそれゆえに尊重されるべきものであったように、ジンジャーブレッドも一四世紀頃までは貴重品であった。一二八五年のある記録によれば、英国ではジンジャーブレッド一ポンドが一二シリングもしたという。これはチーズ一二ポンド分に相当する価格だった。ジンジャーブレッドは、よく知られているように人の形に成形されて焼かれることも多い。ジンジャーマンと呼ばれるこのキャラクターは、時には魂を与えられて人びとを不安や困難から救い出してくれるヒーローの役割を果たす。アニメーションとしてテレビや映画にもしばしば登場するするので、子どもたちにとっては大の人気者だ。

オランダを中心とするフランドル地方では、ジンジャーブレッドはスペキュラース（Speculaas）と名前を変えて、より宗教色が濃厚になる。

スペキュラースは多種多様な形に作られるが、その中でひとつの大きなカテゴリーを形成しているのが聖ニコラウスをモチーフとしたものである。

聖ニコラウスは三世紀から四世紀にかけて実在したとされるキリスト教の聖人である。正教会の伝えるところによると、非常に徳の高い人物で、生涯にわたってさまざまな善行を施したとされる。有名なエピソードにこんなのがある。

ニコラウスが司教を務めていた町に、ある商人がいた。この商人は正直者で商売も順調だったが、あるとき、ちょっとした失敗がもとで破産してしまった。この商人には娘が三人おり、それぞれ結婚が決まっていたが、もはや娘たちの持参金を用意することなどとてもできない。それどころか、商人は娘たちを娼婦として売らなければならないところまで追い詰められてしまっていたのだった。毎日を泣いて暮らす商人と娘たち。その窮状を通りすがりの窓から垣間見たニコラウスは、彼らを救うために三晩にわたって窓から金貨を投げ入れ、その都度彼らに気づかれないようにそっと立ち去った。この施しを受けて商人は破

破産した商人の家の中に窓から金貨を投げ入れる聖ニコラウス。
（ジェンティーレ・ダ・ファブリアーノ、1425年）

産から救われ、娘たちを無事に嫁がせることができたのだった。

このニコラウスがどうしてスペキュラースの主要なモチーフになっているのかというと、ニコラウスが没したとされる一二月六日は聖ニコラウスの祝祭日として子どもにお菓子を配る習慣が北ヨーロッパにはあり、そのお菓子にスペキュラースが利用されるからである。その時期には、小さなもので長さ二〇センチほど、大きなものになると一メートル以上もあるスペキュラースが菓子店の店頭に並ぶ。それを成形するための木型も、昔からたくさん作られてきた。

聖ニコラウスのスペキュラースの中で、ニコラウスの足もとに三人の子どもがいる図案のものがある。これにはちょっと怖い伝説が関わっている。

三人の子どもが道に迷って森の中をさまよっているうちに、一軒の農家を見つけた。その家の主人に一晩泊めてくれるよう頼むと、善良そうな主人は快く三人の子どもたちを家の中に招き入れた。そして真夜中。寝入っている子どもたちのベッドにそっと忍び寄るのは善良そうに見えた主人。その顔つきは悪魔のようにゆがんでいる。そしてその手には大きな肉切り包丁が。主人は、子どもたちを襲って包丁で細かく切り刻み、巨大な樽に投げ入れて塩漬けにしてしまった。

七年が過ぎ、その農家に一人の人物が立ち寄った。応対に出た主人にその人物は食べ物を求めた。主人がいろいろ差し出すが、どれも即座に突き返される。最後にその人物は主人にこう告げた。「私が欲しいのは、お前が七年間樽の中で塩漬けにしてきたものだ」。それを聞いた主人はびっくりして家を飛び出し、そのまま逃げてしまった。後に残った不思議な人物は、奥の部屋に置かれた巨大な樽のかたわらに立つと、地面に杖を突き立て、樽を指差した。すると樽の中から三人の子どもが次々とよみがえったのだった。その不思議な人物こそ、もちろん聖ニコラウスである。

ヨーロッパでは、聖ニコラウスは一二月五日の夜から六日の朝にかけて、変装して家々を訪ね歩き、子どもたちにお菓子を配って回るという言い伝えが古くからある。それでこの日はいつの頃からか大人が子どもにプレゼントを配る日とされてきた。

オランダ語では聖ニコラウスを「シンタ・クラース」という。どこかで聞いたことがあるぞ、と思った人は正解。これは実はおなじみのサンタクロースの原型である。

サンタクロースの生まれ故郷はラップランドではなく、アメリカである。一七世紀から一八世紀にかけてアメリカに移民したオランダ系の人びとは故郷の風習を移民先に持ち込み、一二月の聖ニコラウスの祝

オランダの古い聖ニコラウスのスペキュラースの木型。足もとに樽から顔を出した3人の子どもの姿が見える。
写真提供：エーデルワイス・ミュージアム

祭日をシンタ・クラースの日として祝った。これが次第にアメリカ各地に広まるうちに、商魂たくましい商人たちの目に留まる。プレゼントを贈る聖人シンタ・クラースだって？　こいつはクリスマスのシンボルとして商売に利用できるぞ。というわけで、シンタ・クラースことサンタクロースは一八世紀の中頃にアメリカのビジネス・シーンにデビューを果たすことになったのである。

トナカイの引く橇《そり》にプレゼントを山盛りに積んで空を駆け巡るサンタクロースのイメージは、一八二一年のクレメント・クラーク・ムーアの詩『サンタクロースおじいさん』によって生まれたと言われている。その冒頭はこんな一節である。

喜びに満ちたサンタクロースおじいさん
トナカイは凍えた夜を駆け巡る
向かう先は煙突のてっぺん、後ろには雪の跡
きみに今年の贈り物を届けるために

このイメージを絵に描いて人びとの目にサンタクロースの姿を焼き付けたのは、一九世紀の終わりに活躍したアメリカの風刺画家トマス・ナストである。ナストは家庭向け雑誌の『ハーパーズ・ウィークリー』を舞台に数多くのサンタクロースの絵を発表し、これによって現代のサンタクロース像が定着したのだった。

さて、聖ニコラウスの伝説には闇の部分とでもいうべき別の一面がある。

"The Coming of Santa Claus," by Thomas Nast, 1872.

サンタクロースがやってきた。
（トマス・ナスト、1872年）

聖ニコラウスが子どもたちにお菓子を配って回る話はすでに書いた。しかし、この聖人がお菓子を与えるのはすべての子どもにというわけではない。良い子だけに配るのである。良い子は聖ニコラウスからお菓子をもらえる。では、悪い子は？

悪い子はもちろんお菓子をもらえない。しかも、それだけではない。

聖ニコラウスには影のように常に付き従っている従者がいる。黒い顔に黒いチリチリの髪、けばけばしい色の中世風の衣服を身にまとい、羽飾りのついた帽子をかぶったズワルテ・ピートという名のこの従者は、良い子にお菓子を配る聖ニコラウスの後からぴったりと付いて回り、聖ニコラウスがお菓子を与えなかった子ども、すなわち悪い子をとって食べてしまうのである。三人の子どもを塩漬けにした農家の主人も、ズワルテ・ピートの一種の変形といえるだろう。

ウィーンの新聞に載った聖ニコラウスとクランプスの挿絵（1896年）。
こんなふうに聖者とその従者の扮装をして子どものいる家々を回る風習があったらしい。
何となく秋田県のナマハゲを思い起こさせる。

黒い従者はオランダのみならずヨーロッパ中に点在している。

ドイツ語圏ではクランプスとかクネヒト・ループレヒトと呼ばれ、貧しい農民の身なりで現れる。フランス語でサンタクロースをペール・ノエルというが、このペール・ノエルにもペール・フェッタールという陰の従者がいる。フランスでは子どもがいたずらをすると「ペール・フェッタールが来るよ」と言って脅す。

徳が高く誰にでも親切で優しい聖ニコラウスと、残酷で非道、悪の化身のようなズワルテ・ピート。この善と悪の両極端が一緒になっているところに、ヨーロッパ文化の本質が潜んでいる。

善と悪。光と影。昼と夜。安心と不安。ペール・ノエルとペール・フェッタール。

こうした正反対の性質を持ちながら常

に隣り合っているものは、すべてヨーロッパの人びとの心に宿る願望と恐怖を反映しており、その根源には神と悪魔の存在がある。

そう考えると、ヨーロッパの人びとにとってのクリスマスも、アジアの非キリスト教国の住人が思うほど単純で気楽な行事ではないのかもしれない。

魔女の家からトニーのパンへ

英国でジンジャーマンになり、オランダでスペキュラースとなったお菓子は、ドイツではホーニッヒクーヘンとなってクリスマスに彩りを添えている。

ホーニッヒはハチミツのことである。この名称からもわかるように、ホーニッヒクーヘンの主原料はハチミツである。一般的にはレープクーヘンと呼ばれ、昔からクリスマスの時期に食べられてきた。

このレープクーヘンがクリスマスのヘキセンハウス（魔女の家）の素材として用いられるようになったのは、おそらくグリム童話の『ヘンゼルとグレーテル』の影響に違いない。

貧窮した親によって森の中に捨てられたヘンゼルとグレーテルの幼い兄妹は、道に迷った挙句にとてもきれいな一軒の小屋にたどり着く。

近寄ってみると、その小屋は全体がパンでできていて、たくさんのお菓子で覆われ、窓は輝くばかりのアメでした。

レープクーヘンで作ったヘキセンハウス。

ここでパン（brot）と言っているのはレープクーヘンのことである。この物語の背景には一八世紀にドイツを襲った飢饉があると言われているが、何となく聖ニコラウスの伝説に出てくる塩漬けの子どもたちの話を連想させる。ただし、ここには子どもたちを救ってくれる聖人は登場しない。その代わりに、グレーテルは魔女をまんまと出し抜き、燃えさかるかまどの中に突き落として殺してしまう。そしてヘンゼルとともに自力で魔の森を脱出し、父親のもとにたくさんの宝石を持って帰るのである。この子どもたちの中には、どうやら聖ニコラウスとクランプスの両方が同居しているらしい。

ドイツにはツィムト・シュテルン（シナモンの星）というクリスマスのクッキーがある。これもレープクーヘンの仲間である。

また、シュトレンというドライフルーツをたっぷり使った伝統的なお菓子もある。一四世紀頃にザクセン地方で生まれたとされ、ドレスデンで特に盛んに作られる。その独特の形は幼子キリストを抱いたマリアを表しているともいわれるが、真偽のほどははっきりしない。

クリスマス前のアドベントと呼ばれる時期になると、ドイツの人びとはシュトレンを毎日薄くスライスして少しずつ食べる。そうして近づくクリスマスを実感しながら楽しい気分を増幅させていくのである。

ドイツのクリスマスケーキに触れたついでに、イタリアまで足を延ばしてみよう。

イタリアのクリスマスケーキといえば、何と言ってもパネトーネである。背の高い円筒形のこの醗酵菓子は、フランスのブリオシュによく似ている。ただし、ブリオシュと違ってパネトーネにはレーズンやオレンジ・ピール、レモン・ピールなどが入っていて、いっそう贅沢な風味が楽しめる。

パネトーネには、よく知られた誕生伝説がある。

ある年のクリスマス。ミラノ公国の君主ルドビコ・イル・モロ・スフォルツァは宮廷に大勢の客を迎えて晩餐会を催した。料理が順調に出されていよいよデザートというときになって、厨房のシェフが大失敗をしてしまった。作っていたデザートをうっかりして真っ黒に焦がしてしまったのだ。これではとても客たちの食卓には出せない。困り果てたシェフの耳に、食事をしている大広間から客たちの叫ぶ声が聞こえてきた。デザートはまだか！　デザートはどうした！

シェフは真っ青になってすっかりおびえてしまった。ルドビコ大公は激怒なさるに違いない。場合によっては、首をはねられるかもしれない。どうして良いかわからずにただオロオロするシェフの前に、ひとりの若者がおずおずと進み出た。皿洗いに雇っているトニーという名の少年であった。トニーは震える声で憔悴したシェフに言った。「畏れながら、私がデザートを作ってみました。残り物の材料に卵とバターとレーズンを加えて焼いてみたのです。よろしかったらご覧ください」。トニーが示したのはかたわらの大きな菓子パンだった。円筒形でこんがりとおいしそうな焼き色に仕上がっていた。シェフは疑い深げな目つきでトニーと菓子パンを交互に見つめた。しかし、彼にどんな選択の余地があったろう。なかば渋々とシェフはそのデザートを大広間に運ばせた。

客たちは待ちかねたようにそのデザートを口にした。その瞬間、シェフは自分の耳を疑わざるを得なかった。客たちは口々にこう叫んでいたのである。「ブラボー!」「こんなすばらしいデザートは今まで味わったことがないぞ!」。ルドビコ大公もわざわざシェフのもとにやってきて、デザートのすばらしさを褒め称えた。その成功を素直に喜べなかったのは、シェフただ一人だけだった。誰も、その秘密を口にするものはなかったが、真相はおのずと明らかになる。人びとはトニーを賞賛し、彼の作った新しいデザートに「パン・デル・トニ(トニーのパン)」という名前をつけた。こうしてパン・デル・トニ、後にそれが変化してパネトーネとなるクリスマスのお菓子が誕生したのだった。

もちろんこれは伝説だから信ぴょう性には乏しいが、普段は厨房の片隅でひっそりと仕事をしていて目立たない下働きの少年が、千載一遇の機会を摑んで一躍ヒーローになる。そんな夢のような話に人びとが自分の境遇を重ねて希望を託そうとした気持ちはよくわかる。過酷な現実に押しつぶされそうになりながら生きていた庶民にとっては、おそらくこの話自体が最高のクリスマス・プレゼントだったのだ。

column

黒い森のケーキ

アメリカのコメディ映画が好きな方ならたぶんメル・ブルックス監督の名前をご存じだろう。その代表作ともいうべき作品に『ヤング・フランケンシュタイン』という大傑作がある。あのフランケンシュタイン博士の孫（これもまたフランケンシュタイン博士）が祖父の遺言でトランシルバニアにある古城を相続する。そこは祖父が死体をよみがえらせて有名な怪物を作った場所である。古城に住み始めた孫のフランケンシュタイン博士ははじめは祖父の研究など絵空事だと軽く考えていたのだが、そのうち身のまわりで異常なことが続けて起こり、ついには祖父の秘密の研究ノートを発見して、自らが祖父の研究の後継者となることを決意する。

とまあ、あらすじを紹介すればこんなところだが、何と言っても抱腹絶倒のコメディなので筋はあってないようなもの。観客は難しいことは考えずにただ笑い転げていれば良い。

その映画のちょうど真ん中あたりにフランケンシュタイン博士（孫のほう）が助手たちと食事をとる場面がある。

助手の一人が尋ねる。

「これは何？」

博士が答える。

「シュバルツベルダー・キルシュトルテさ。気に入ったかい？　私は特に甘いものが好きだってわけじゃないが、こいつはすばらしい」

日本語の字幕では「さくらんぼのケーキ」となっていたので軽く聞き流してしまった観客が大部分だろうが、ここは洋菓子愛好家ならば「さすがメル・ブルックス！」と唸るところである。

シュバルツベルダー（Schwarzwälder）はドイツ語で「シュバルツバルトの」という意味。シュバルツバルトと言えばドイツのライン川沿いに広がる広大な森である。日本では一名「黒い森」などとも言う。この地方の名産の一つはシャッテンモレレン（Schattenmorellen）という酸っぱいさくらんぼで、そのさくらんぼを使った銘菓がシュバルツベルダー・キルシュトルテだ。

この映画の舞台はトランシルバニアでドイツではないし、そもそもトランシルバニアはドラキュラの居城があった場所でフランケンシュタインとも関係ないのだけれども、黒い森という言葉には何となく不気味な響きがあって、怪物がいても不思議ではなさそうな雰囲気に満ちている。まさしくこの映画のテーマにぴったりのお菓子、それがシュバルツベルダー・キルシュトルテなのである。

さて、シュバルツベルダー・キルシュトルテがどんなお菓子かというと、一言で言ってしまうならばさくらんぼのチョコレートケーキということになる。これではあまりに素っ気ないのでもう少していねいに説明すると、チョコレートのスポンジケーキにザーネクレムと呼ばれるクリームとザウアーキルシュ（酸っぱいさくらんぼ）をサンドし、全体にもザーネクレムを塗ってから削ったチョコレートを全体もしくは上面にまぶす。縁の部分にザーネクレムを絞り、さくらんぼを飾る。

単にシュバルツバルト名産のさくらんぼを使っているところに特徴があるだけではなく、チョコレートをまぶすことによって黒い森を表現し、さらに白いクリームで森に降り積もった雪を表しているのだとも言う。なかなか文学的情緒に溢れた洋菓子でもあるのだ。

この名前とスタイル、作り方を見れば、これがシュバルツバルト地方のスペシャリティだろうと誰もが思うに違いないが、実はそうではない。菓名の由来も黒い森にちなんだものではなく、その地方で作られるシュバルツベルダー・キルシュバッサー（Schwarzwälder Kirschwasser）という蒸留酒を使って作られるところから付けられたとも言われている。

シュバルツベルダー・キルシュトルテは明らかに二〇世紀になってから生まれたお菓子であるにもかかわらず、その創作者についてはすでに諸説があり論争のタネになっている。

①バート・ゴデスベルクにあるカフェ・アーレントのヨーゼフ・ケラーが一九一五年に創作したという説。
②チュルビンゲンにあるカフェ・ヴァルツのエルビン・ヒルデンブラントが一九三〇年に創作したという説。
③スイスのルツェルンにある有名な製菓学校リッチモントが一九五〇年に創作した。つまりシュバルツベルダー・キルシュトルテはスイス産であるという説。

このうち①と②はケラーとヒルデンブラントが自分でそう主張しているもので、証拠に乏しく現在では否定的な論者が圧倒的に多い。

また、③についても根拠があいまいであるだけでなく、遅くとも一九三五年にはこのお菓子が世に知られていたという確かな証拠があるので、これもボツ。

となると、いったいどこの誰がいつこのお菓子を創作したのか?

まあ、これはたとえて言うなら「どら焼きはいつ誰が創作したのか」と問うようなものなので、あまり意味のない詮索と言うべきだろう。

シュバルツベルダー・キルシュトルテはしばらくは無名のお菓子だったが、一九四九年に出版されたアドルフ・ヘックマンの『若き製菓技術者』に掲載された「ドイツのもっとも有名なケーキ」のリストで一三位にランクされ、一躍その名を知られるようになった。一九六〇年代にはアメリカにも紹介されて人気のお菓子となり、一九七四年の映画の中で「シュバルツベルダー・キルシュトルテさ」というセリフが登場するに至ったのである。

episode

13

タルト・タタン

Tarte Tatin

Tata, ta tarte tatin tenta Tonton;
Tonton tata ta tarte tatin, Tata.
おばちゃん、おばちゃんのタルト・タタンをトントンが狙ってるよ。
トントンがおばちゃんのタルト・タタンに触ったよ、おばちゃん。

フランスの早口言葉（Virelangues）から

失敗は成功の母

銘菓誕生にまつわる物語にもいろいろあるが、その中でひとつのジャンルを形成していると言えるのが「パティシエの失敗が生み出した」お菓子の由来についての話である。

たとえばプラリネ。

昔々、プララン公爵の料理人がアーモンドを使った作業をしているところへ、うっかり者の弟子が熱いカラメルの入った手鍋をひっくり返してしまった。料理人は弟子を叱ったが、そのカラメルがけされてしまったアーモンドを捨てるのも惜しい気がして何気なくそれを口にしてみた。すると、あらまあびっくり、何とおいしいんだろう！　というわけで料理人はそのカラメルがけのアーモンドに主人の名前をちゃっかり拝借してプラリーヌと名付け、何食わぬ顔で公爵の食卓へ出したのだった。公爵はその「新」製品をいたく気に入り、こうしてプラリネは銘菓の仲間入りを果たしたのである。

あるいは、ガトー・マンケというお菓子もパティシエがビスキュイ・サヴォワを作るつもりで手順を間違えてしまい、生地を捨てるのがもったいないとそのまま焼いたところ思いがけず風味の良いお菓子になったので、そのまま新商品として売り出したのだと言う。ちなみにマンケ（Manqué）というのはフランス語で「失敗した」という意味である。

こんなのは探せばまだいくらでもありそうだが、上記の二つの例も実は真偽のほどは定かではない。いかにも大衆受けするような奇譚なので、後の時代の人が話のタネに創作した可能性もある。まあ、一種の伝説のようなものであろう。

　これから紹介するタルト・タタン誕生の由来も、わずか一〇〇年ほど前の出来事にもかかわらず、ある意味ではすでに伝説化しているように思える。

　タルト・タタンは表面をカラメル状に焼いたりんごを詰めたパイのようなデザートである。通常のアップルパイのようにパイ・ケースの中にりんごの詰め物を詰めて焼くのではなく、それとはまったく逆のプロセス、すなわち型の底にバターを敷き、砂糖を振り、りんごを詰めて、最後に薄く伸した生地を被せて焼く。それを上下ひっくり返して皿にのせるので、英語では「アップサイド・ダウン・アップル・ケーキ」などとも言う。

　なぜこんな作り方をするのか、そこにこのタルトの人気の秘密がある。

　タルト・タタンの由来について書かれた書物や資料は無数にある。それだけよく知られ、また関心を持たれてきた洋菓子と言って良いだろう。

　さまざまな場所で頻繁に語られてきたタルト・タタン誕生秘話。それは、おおよそ次のようなものである。

　一九世紀の終わり、パリから南におよそ一六〇キロ離れたソローニュ地方の田舎町ラモット・ブブロンに一軒の小さなホテルがあった。ソローニュ地方は狩猟で有名な地域である。ステファニーとキャロリーヌという姉妹によって経営されていたそのタタン・ホテルもハンターたちを主な顧客としており、特に料理がおいしいことで有名だった。

　狩猟シーズンまっさかりのある日曜日、ホテルのレストランは狩猟を終えたハンターたちでごった返していた。彼らは昼間はソローニュの森を獲物を追って目いっぱい駆け回り、夕刻になるとその疲れを癒し

現在のタタン・ホテル。
(Lamotte-beuvron hotel tatin/Velvet/Wikimedia Commons)

空腹を満たすためにタタン姉妹のホテルに立ち寄るのである。いつものように料理の支度を終え、デザートの準備を始めたステファニー。タタン・ホテルの一番の人気デザートはりんごのタルトだった。スキレット（フライパン）にバターをたっぷりと入れ、砂糖をふってから切ったりんごを入れて軽くソテーする。それを伸した生地を敷いたタルト型に詰めてオーブンで焼くのである。

しかし、この日は手順が狂ってしまった。レストランに入りきらないほどの客の応対に追われたステファニーは、あまりの忙しさにスキレットを火にかけたまま他の仕事に没頭し、りんごのことをうっかり忘れてしまったのだ。

気がついたときには、スキレットから煙が立ちのぼり、厨房にはカラメルの焦げた匂いが充満していた。りんごにはすでに火が入りすぎてしまっている。こうなっては、いつものタルトは作れない。その一方で、デザートを出す時間は刻々と迫っていた。

焦ったステファニーは、窮余の一策で生地を薄く伸すとそのままスキレットの表面に被せてオーブンの中に突っ込んだ。

やがて生地がこんがりと焼きあがり、ステファニーはスキレットをおそるおそるオーブンから取り出した。そして大きな皿を被せて上下ひっくり返し、明らかな失敗作であるデザートを皿に移した。

しかし、あらためて見てみると、それは思ったほどひどくはなさそうだった。りんごの表面を覆った茶褐色のカラメルはつやも良く、香ばしい香りすら漂ってくるではないか。

ステファニーは、不安な気持ちを抑えながら、何食わぬ顔でそのデザートを客のテーブルに出した。

結果は予想以上だった。それは大好評を博したのである。そればかりか、タルトの噂が周囲に広がるにつれ、その新しいデザートを味わうだけのためにわざわざホテルを訪れる人も現れるほどだった。

こうして、タタン・ホテルの有名なスペシャリティ、タルト・タタンが誕生したのである。

このエピソードにはいくつものバリエーションがある。共通しているのは、どれもステファニーの失敗が新しいデザートを生み出した、という核心的な部分だ。

たとえば、ステファニーは忙しさの余り、りんごのタルトをオーブンに入れるときに上下ひっくり返してしまったのだ、とする説もある。この説は、実はタルト・タタンの公式ホームページと称するサイトで紹介されているものなのだが、こんなのはほんの一例にすぎない。公式サイトに書いてあるんだからそれが正しいだろうと思うかもしれないが、そうとも言えないというところにタルト・タタン伝説のやっかいな点があるのだ。

タタン・ホテルは今でもラモット・ブブロンで経営を続けており、そこのレストランのスペシャリティももちろん相変わらずタルト・タタンである。しかし、タタン姉妹が一九〇〇年代のはじめに相次いで死んだ後は、経営者も幾度となく代わり、姉妹が経営していた頃のホテルの確かな記録はもはや残っていない。つまり、どの説が正しくてどの説が正しくないということを判定する根拠は、今となってはほとんど存在しないということだ。

だから、タタン姉妹はそもそもどんなタルトも創作したりはしなかった、という説も当然のことながら成立する。事実、ソローニュ地方には昔からガトー・ランヴェルセという上下逆にして焼くお菓子があり、タタン姉妹は単にそれをアレンジしただけなのだという主張をする研究者も少なくない。

伝説には尾ひれがつきものである。タタン姉妹の失敗から生まれたとされるタルト・タタンの誕生のエピソードも、人びとの好奇心を刺激する話ゆえに延々と語り継がれ、語られるたびに語り手のほんの小さな創作が加わって、やがて何が真実なのか誰にもわからなくなってしまったのだろう。

田舎町から花の都パリへ

タルト・タタンは現在では単にラモット・ブブロンの銘菓であるばかりでなく、フランスを代表する古典菓子のひとつになっている。このお菓子をガストロノミーの世界の表舞台に引っ張り上げた功績者はキュルノンスキーである。

キュルノンスキーは二〇世紀最大のエピキュリアン（美食家）と言われた人物で、「選ばれしガストロノームの王」という別名を持つジャーナリストである。彼の代表的な著作である『フランス・ガストロノミク』は、フランス各地の美味やそれを提供するレストランを紹介する目的で一九二一年から七年間にわたり年に四巻ずつが刊行された。一巻ごとにひとつの地域を扱い、自動車旅行が大いに普及しつつあったこの時代の美食ガイドブックとして、多くの読者から支持を受け、キュルノンスキーの名を一気に高めるとともにフランスの地方料理を人びとに再認識させる上で大きな役割を果たしたのだった。

その『フランス・ガストロノミク』の一九二六年発行の「オルレアン編」に、ラモット・ブブロンの美味として「タタン姉妹のタルト（Tarte des Demoiselles Tatin）」が紹介された。タルト・タタンに触れた書物がそれまでもなかったわけではないが、キュルノンスキーの名前の影響力は絶大である。それを契機に、タタン姉妹のタルトはパリの食通の間に知れわたることになったのだった。

一説では、タルト・タタンがタタン姉妹の失敗から生まれたとされる話も、サービス精神旺盛でユーモアに富んだキュルノンスキーの創作ではないか、とされている。それがもし本当だとすれば、タルト・タタンの普及に対するキュルノンスキーの貢献度は、現在語られているよりはるかに高かったと言えそうだ。

パリでも一、二を争う高級レストラン、マキシムのメニューに初めてタルト・タタンが載ったのは一九三〇年代末と言われている。それ以来、このタルトはゆるぎない名声を確立し、良く言えば流行に敏感、悪く言えばいささか軽薄な多くの女性客たちの支持を得てきた。そうした客たちは、タルト・タタンがもともと田舎町の小さなホテルの出身であるとは夢にも思わず、マキシムのスペシャリティだと信じてひたすらその洗練された美味を口々に絶賛したのだった。

そんな中、発端は定かではないが、一九六〇年代初めにはタルト・タタンのブームが巻き起こった。

マキシムのような高尚で気取ったレストランばかりか、裏通りの小さなビストロまでが競ってタルト・タタンをデザートに出し、訳知り顔のスノッブたちの舌を狂喜させた。かつては単なる地方菓子に過ぎなかったタルトが、ここに至ってついに天上に昇りつめたのである。その一方で、当然のことながら、タルトの価格はわずかな期間に数倍にまで跳ね上がった。

料理ジャーナリストのロベール・クルティーヌが著書の中で皮肉をこめてこんなことを書いている。

そういうビストロに行くと、食事客がタルト・タタンにうっとりとした声を上げるのを耳にすることができる。一度などは、ダイヤモンドで身を飾り立てた女性客が別の女性客に、話題のタタン氏は私の知り合いなのよ、と得意げに話しているのを聞いたことさえあるくらいだ。

ブームの狂躁はさておいて、そもそも、素朴な地方菓子であるタルト・タタンが、いったいどんないきさつでマキシムのような上流向けのレストランのメニューに加えられることになったのだろう。

これに関しては、上品でとり澄ました高級レストランに似つかわしくない、少々いかがわしい話が伝えられている。

これは、マキシムを一九三二年に買収し、その後長い期間にわたって経営に携わったルイ・ボーダブルの話に基づくとされるものである。

若き日のルイは、狩猟をするためにラモット・ブブロンにしばしば出かけたものだった。そんなある日、彼は老いた姉妹が経営するとても小さなホテルを見つけた。そこのメニューには、タルト・ソローニョートという名前のすばらしいデザートが載っていた。彼は厨房のスタッフにレシピを教えてくれるよう懇願したが、彼らは頑としてそれを拒んだ。諦めきれないルイは、やがて庭師になりすまし、ホテルに雇ってもらうことに成功する。三日後には、キャベツひとつ育てられない事実が露見してクビになってしまったのだが、この三日間はルイにとって厨房の秘密をしっかりと頭に刻み込むのに十分な期間だった。ルイはパリに戻り、やがてマキシムのメニューのデザート・リストにタルト・デ・ドモワゼル・タタンの名前が登場したのである。

これって、もしかしてほとんど犯罪じゃない？　いくらなんでも、天下のマキシムのオーナーともあろう人物がこそ泥のような真似をしたとはとても思えないのだが、ルイ・ボーダブルがこの話を実際にしたという根拠が明らかではないので、これもまた銘菓にまつわる数限りない伝説のひとつなのだろう。いずれにしても、ボーダブルがマキシムを買収した一九三二年にはタタン姉妹はとっくにこの世を去っていたわけだから、年代的にも辻褄の合う話ではない。

キュルノンスキーからマキシムを経てソローニュの田舎町を飛び出したタルト・タタンは、年を重ねるごとに製法もスタイルも洗練されて、今や押しも押されもせぬフランスを代表する銘菓となった。しかし、何事にも時代に逆らうあまのじゃくはいるもので、タルト・タタンの立身出世を素直に喜ばないどころか、それにあえてノンを突きつける人びとも存在する。

「ラ・コンフレリー・デ・リショヌー・ド・タルト・タタン（La Confrérie Des Lichonneux De Tarte Tatin タルト・タタン美食愛好会）」は、そんなあまのじゃく、いや、正統を重んじる頑固者の集まりである。

単にリショヌー（ソローニュ方言でグルマンのこと）とも呼ばれるこの人たちは、伝統的なソローニュ農民の装いであるビオードという青いスモックを着て、首には赤いスカーフ、頭には黒い帽子という出で立ちでフランス中の食品見本市に出かけ、本物のタルト・タタンの宣伝と普及に精を出す。彼らの言う「本物」とは、もちろんタタン姉妹がタタン・ホテルで出していたタルト・タタンであって、断じて高級レストランなどで出されるおしゃれで薄っぺらなタルト・タタンではない。

コンフレリー（同志の集まり）だから当然会員制だが、別にラモット・ブブロンに住んでいなければ会員になれないというわけでもないらしい。ただし、会員になるためには、厳格に定められた「一〇の掟《おきて》」を守ることを総会において宣誓しなければならない。

この一〇の掟のいくつかを抜き出してみよう。

一　汝は、タルト・タタンを全身全霊をこめて愛さなければならない。

二　汝は、ステファニーとキャロリーヌを世界の母として敬わなければならない。

五　汝は、タルト・タタンの品質を守護しなければならない。

八　汝は、ラモット・ブブロンを尊ばねばならない。

一〇　汝は、タルト・タタンに対する賞賛を世界に向けて謳い上げなければならない。

まるで新興宗教のようだ。これだけ強烈な信念をもって伝統を守ろうとする姿勢には感服するよりほかはないが、タルト・タタンがパリに紹介されることもなく地方菓子の地位に留まっていたなら、おそらくこんな組織もできなかったに違いない。そう考えたとき、洋菓子というちっぽけな存在に秘められたエネルギーの大きさにあらためて驚かされるのである。

タルトに関するあまり学術的でない考察

ここで、タルトという言葉に少しこだわってみよう。

一六九四年版の『アカデミー・フランス語辞典』のタルト（Tarte）の項目を引いてみると、そこには次のような定義が載っている。

クリームやコンフィチュールを詰めたお菓子の一種。上部が覆われていないもの。

タルトはさらに古い時代にはトゥルト（Tourte）とも言われた。アントナン・カレームの『パティシエ・ピトレスク』の中に、

私が王立図書館に熱心に通い始めたのは一八歳のときで、私はビビエンヌ街のパティシエ、バイイ氏の店の筆頭トゥルティエであった。

という一文がある。ここに出てくるトゥルティエというのはタルトを専門に作るスタッフのことである。

一方でタルティエという言葉が存在しないところからみても、タルトよりもトゥルトという言葉のほうが

リンツァートルテ。これは現代のスタイル。古くはもっと素朴な感じだった。

起源が古いことがわかる。

トゥルトの語源は、中世ラテン語のトルタ（Torta）であると言われている。トルタというのは丸い形のパンのことである。これがフランスに入ってトゥルトもしくはタルタ（Tarta）になり、さらにタルトになった。

ラテン語のトルタは、ドイツ語圏ではトルテ（Torte）となる。あのザッハトルテのトルテである。トルテといえば丸くてずっしりとした質感をもった典型的なドイツ菓子のイメージで、ザッハトルテひとつとってみてもフランスのタルトとはかなり違うように思える。語源が共通していても、それが根付いた国によってこうも雰囲気が変わるものなのかと、その文化的背景について早とちりの薀蓄《うんちく》を傾けたくなるほどだが、ちょっと待ってほしい。

タルトとトルテは本当にそんなに異なるものなのだろうか？

ドイツではないけれども、隣のオーストリアにリンツァートルテという古典的なトルテがある。リンツァーというのはオーストリア南部の街リンツに由来するもので、その名のとおり古くから知られるリンツのスペシャリティである。

リンツ地方の人びとは、このトルテこそ世界で最古のお菓子であると言ってはばからない。最初に記録されたレシピは一六五三年に書かれたもので、これは近年になってアドモント修道院の有名な蔵書の中から発見されたものだという。世界で最古というのが大げさだとしても、年輪を重ねたお菓子であることは間違いなさそうだ。

このリンツァートルテをよく見ると、トルテというよりむしろフランスのタルトに似ているように感じられないだろうか？

リンツァートルテがトルテの古い形を残しているとするならば、もともとドイツ語圏のトルテもフランスのタルトとほとんど区別できないものであった可能性が高い。考えてみれば、ザッハトルテをはじめとする現代人になじみの深いトルテのほとんどが一九世紀半ば以降に創作されたもので、要するに近代の洋菓子だ。それ以前のヨーロッパ全体が混沌としていた時代には、トルテもタルトも明確に分化していなかったと考えたほうが自然だろう。

中世ラテン語のトルタはスペインではタルタとなった。タルタ・デ・サンティアゴはアーモンドがたっぷり入った生地を使ったかなり濃厚な味のお菓子。これもイメージとしてはタルトに近い。巡礼の聖地であるサンティアゴ・デ・コンポステーラがあるガリシア地方の銘菓で、表面の粉砂糖を使って浮き上がらされた十字架はクルーズ・デ・サンティアゴと呼ばれる独特のものである。

タルタ・デ・サンティアゴ。粉砂糖で独特の十字架模様が描かれているのが特徴。

トルタは英国ではどうなっただろう？　いわずと知れたタート（Tart）になった。タートはそのつづりからもわかるようにフランスのタルトの双子の兄弟のようなものである。実際にタートは中世フランス語のタルタから派生したと言われている。

英国のお菓子のタートについては、以前にもパイとの関係で簡単に触れたから、ここでは繰り返さない。その代わり、言葉としてのタートについてちょっとおもしろい話を紹介して今回の締めくくりとしよう。

タートという言葉を英語の辞書で引くと、通常のお菓子としての意味のほかにこんな意味が載っている。

ふしだらな女。売春婦。

これはもちろん紳士淑女が普通に使う言葉で

はなく、いわゆる俗語だ。でも、子どもたちも愛する平和で健全な食べ物にどうしてこんな人目をはばかる意味が付け加えられたのだろう？

これを解明するには、コックニー・ライミング・スラング（Cockney Rhyming Slang）を知る必要がある。コックニーというのはロンドンの下町で使われる英語で、上流階級の人びとだったら決して使わない言葉である。ライミングは詩などで使われる韻を踏むこと。そして、スラングは俗語のことだ。全体で、ロンドンの下町っ子が使う韻を踏んだ俗語、ということになる。要するに、仲間内だけで通用する隠語の一種である。

ロンドンの下町の若者たちは、特定の言葉を別の言葉に置き換えるこうしたスラングを会話の中に巧みに織り込むことで、自分がいかに機知に富んだ人間であるかを示そうとした。重要なのは韻を踏むことで、そこに彼らの機転と工夫の見せ所もあった。

具体的な例を挙げよう。「エレファンツ・トランク（Elephant's Trunk）」。これは普通の意味では「象の鼻」である。しかし、コックニー・ライミング・スラングでは、これは「酔っ払い」のことなのである。どうしてそうなのかというと、鼻を意味する「トランク」が酔っ払いを意味する「ドランク（Drunk）」と韻を踏んでいるからである。その前のエレファンツはトランクを強調するための修飾である。

さて、ここからが本題。タートがなぜふしだらな女なのか？

これは最初からそんな野卑な意味だったわけではない。もともとは自分の恋人である「かわいい女の子」を指す言葉だった。

自分の恋人に呼びかけるときに使う言葉、スイート・ハート（Sweet heart）。男にこう言われて怒る女性はまずいない。ロンドンの若者たちも恋人に対してはスイート・ハートと呼ぶ。

しかし、仲間内の男同士の会話となれば話は別だ。そんなところで自分の恋人をスイート・ハートと呼んだりすれば仲間から「軟弱なヤツ」と言ってバカにされるだけだろう。そこでコックニー・ライミング・スラングの登場となる。スイート・ハートはコックニー・ライミング・スラングでは「ジャム・タート（Jam tart）」と呼び変えられる。もちろん、「ハート」と「タート」が韻を踏んでいることに目をつけたわけだ。さらにスイートと甘いジャムを対応させている。一貫性があり、なかなか上出来なスラングといえる。

しかし、この後が良くなかった。

恋人は清純であってほしい。これは男の身勝手な願望である。しかし、やたら甘くてベタベタしたジャムのどこに清純なイメージがあるだろう？　これはむしろ、男にベッタリまとわりついて甘い言葉を投げかけるあばずれ女にふさわしいんじゃないか？

というわけで、「ジャム・タート」はいつしかふしだらな女を意味するようになり、さらに簡略化されて単に「タート」のみが残ったのである。

時代とともに言葉は巡る。これは世の常である。しかし残念なことに、高尚な方向に巡ったためしがないのも、また世の常である。

もののついでに、タートにまつわるコックニー・ライミング・スラングをもうひとつ紹介してみたい。「ラズベリー・タート」といったら何のことかわかるだろうか。ラズベリーのタート？　そんな当たり前の意味を、機転に富んだロンドンっ子たちが許すはずがない。

答えは「おなら」。

おならは英語ではファート（Fart）という。「タート」と「ファート」。ほら、ちゃんと韻を踏んでるでしょう？

では「ラズベリー」はというと、これはそれを発音したときの音からの連想だそうだ。なるほど。

でも、音からの連想だというのなら、なにもラズベリーじゃなくったってブルーベリーでも良いんじゃないだろうか？　あるいは、ビルベリーでも。さらには、グーズベリーでも……。

いやいや、これ以上続けて品格を疑われるといけないので、このくらいにしておこう。

episode 14

ビスケット

Biscuit

「で、その本の題は何というんだね？」ドン・キホーテが尋ねた。

「ヒネス・デ・パスモンテの生涯っていうのさ」当人が答える。

「もう書き終わったのかい？」と、ドン・キホーテ。

「どうして終わるんだ」。彼は答えた。「俺の人生がまだ終わってもいないのに。これまでに書き終えたのは、俺が生まれてから前回ガレー船送りになったところまでさ」

「ということは、お前は以前にもガレー船に乗ったことがあるんだな？」。ドン・キホーテが言った。

「神様と王様にお仕えするために、四年ほどな。だから、ビスケットの味やムチの痛さがどんなものか、とっくに知ってるんだよ」


ミゲル・デ・セルバンテス『ドン・キホーテ』（一六〇五）から

ビスケットとクッキーは別のもの？

洋菓子に携わっていると、しばしばこんな質問に出会う。

「ビスケットとクッキーの違いは何？」

この質問の困ったところは、それに対する正確な答えがない、という点である。少し強引に、「英国でビスケットと呼ばれるお菓子が、アメリカではクッキーと呼ばれている」と答えることはできる。できるけれども、これで納得してくれる素直な質問者は、残念ながらめったにいない。たいがいは、次のような質問で追い討ちをかけてくる。

「だったら、英国でビスケットと呼ばれているお菓子が、どうしてアメリカではクッキーと呼ばれるようになったの？」

あるいは、死刑宣告でも行なうような口調でこう告げてくることもある。

「アメリカに旅行したことがあるけれど、アメリカにもビスケットはあったよ」

だから、これからは正直にこう答えることにしよう。

「英国でビスケットと呼ばれるお菓子が、アメリカではクッキーと呼ばれることが多いんだけれども、どうしてそうなったのかはわからないんだ」

すると相手は、「この人、お菓子のことに詳しいとかなんとか言ってるけど、かなり怪しいんじゃない？」とでも言うような露骨に疑念に満ちたまなざしを投げかけてくる。でも、それはもう気にしないことにしよう。

で、それはそれとして、ビスケットとクッキーについて少しマニアックな追求をしてみると、なかなかおもしろいことがわかってくる。

クッキーという言葉がアメリカ製であるというのは、まぎれもない事実だ。アメリカ製であるということは、歴史的に見てそれほど古いものではないということでもある。なぜなら、北アメリカ大陸に英国から最初の移民が渡り住んだのが一七世紀のことで、先住民の築いた文化を別にすれば、たかだか四〇〇年の歴史しか存在しないからである。

事実、クッキーという言葉が文献資料に初めて現れたのは一七〇三年のこととされている。語源はオランダ語のクーキャ（koekje）で、これは「小さな焼き菓子」の意味である。

当時、北米大陸にはヨーロッパ各地から移民が渡ってきており、オランダ系の移民も少なくなかった。彼らが「クーキャ」を北米に持ち込んだことは疑いない。このクーキャが時間の流れとともにオランダ系以外のアメリカ人の間にも広まって、いつしかクッキー（cookie）になったのは、調理を意味するクック（cook）という英語との親和性によるものと思われる。

おそらく当時のアメリカ人はオランダ語のクーキャと英語のクックが、実はとても近い関係にある言葉だということを知らないまま、意味と語感の類似性だけで結びつけていたのだろう。

そのことはまた後で触れることになるけれども、とりあえずビスケットについての考察に移ろう。

いまさら言うまでもないが、ビスケットは英語で、そのつづりはBiscuitである。

つづりを見て、これがフランス語のビスキュイと同じであることに気づいた人は多いだろう。

しかし、これもまた周知のように、フランスのビスキュイはスポンジケーキ・タイプのお菓子の総称である。英国のビスケットとはかなり違う。なぜ同じつづりの言葉が別のお菓子に使われることになったのだろう？

これについては、はっきりしたことはわからない。ただ、フランスのビュスキュイにはもともと二つの意味があった。ひとつは現在使われている意味でのビスキュイ、そしてもうひとつは英国のビスケットとまったく同じ意味でのビスキュイである。

一七〇八年発行の『博覧辞典』にも、Biscuit の項目に二つの意味が併記されている。

ビスキュイ：きわめて乾燥させたパン。特に海上で長期間保存ができるよう二度焼いたところからこの名前がついた。スペイン産のワインに浸して食べる。ビスキュイは長期間の航海では四回焼き、短期間の航海では二回焼いたものが用いられた。

ビスキュイ：美味なパティスリーの一種で、上質の小麦粉と卵、砂糖を用いて作られる。アニスやレモンの表皮を加えることもある。鉄製の型で焼くか、もしくは紙の上に流して焼く。

英語のビスケットは中世のフランス語から派生したとされるので、フランスのビスキュイの一番目の意味だけが英国に伝わって、ビスケットとして定着したのだろう。

しかし、フランスでは一番目の意味はやがて姿を消して、二番目の意味だけが残った。

これはなかなか暗示的である。どうしてかというと、一番目の定義にもあるように、ビスキュイの本来の語源はBis（二）＋cuit（焼く）、すなわち二回焼くというその製法に由来するものだからである。二回焼くのは、もちろん水分を飛ばして乾燥させ、長期保存に適した状態にするためである。どうして長期保存に適した状態が必要なのかというと、そもそもビスケットは航海のときに船内で食べるための食料だったからだ。

それがいつの間にかフランスではスポンジタイプのお菓子を指すようになった。ちょっと不思議である。前述のとおり、本来のビスキュイおよびビスケットはもっぱら船内食として用いられた。食品の保存技術が発達していない時代にあっては、長期保存のための方法としては塩漬けにしたり乾燥させるなどごく限られた手段しかなかったのである。

シェイクスピアの『お気に召すまま』の第二幕七場にはこんなせりふがある。

あの男は、まるで航海の後に残ったからからに干からびたビスケットのような脳みその中に、これまでに見聞きしたものがぎっしり詰まった奇妙な場所を持っていて、そいつを支離滅裂に吐き出すのです。

ビスキュイもしくはビスケットという名称には、そうした船乗りの保存食としての本質がこめられているのである。そうであれば、スポンジ・タイプのお菓子をビスキュイと呼ぶのは、語源に照らしても実情に照らしてもふさわしくないように思える。

ここでもうひとつ、類似のお菓子を見てみよう。

ビスコットはイタリアのカリカリに乾燥させたお菓子である。この名称がビスケットやビスキュイと直接の関係があるだろうことは、容易に想像がつく。つづりのBiscottoもやはり「二度焼いた」という意味である。

ビスキュイの本来の語源は中世ラテン語のbiscoctumだそうだから、もともとはラテン語に起源を持ち、それがまずイタリアでビスコットになり、次いでフランスに伝えられてビスキュイになり、さらに英国に渡ってビスケットとなった、というのがどうやら無理のない説明のように思える。

イタリアのビスコットも基本的に長期航海用の保存食だった。一六九一年発行の『クルスカ・アカデミー語彙辞典』のビスコットの項目には、「二度焼きしたパン」という定義の後で、

「ビスコットを積まずに海に乗り出す」という言葉は、お金を借りずに商売を始めるという意味である。


という興味深い慣用句の説明が付け加えられている。

このビスコットは、通常はそのまま食べない。ワインなどの飲料に浸して食べる。あまりに乾燥していて固く、歯ごたえがありすぎるからだ。先に引用したフランスの『博覧辞典』でも、「スペイン産ワインに浸して食べる」と記されている。

フランスのビスキュイが、保存用の固いパンからソフトなスポンジ菓子へ転身を遂げたのはおそらく一

ドイツのツビーバック。
(Zwieback/Rainer Zenz/Wikimedia Commons)

七世紀の中頃で、その後もしばらくは両方のタイプが共存していた。しかし、一八世紀に入るとビスキュイ・サヴォワのような現代に通じるビスキュイが確立されて、固いビスキュイは次第に姿を消していったのだろう。その経緯は実はよくわかっていない。

現代ではビスコットもビスケットも保存食としての役割を終え、純粋に風味を楽しむお菓子の一員としてイタリア菓子、英国菓子の一翼を担っている。

製造過程で二度焼きされることもなく、かつての面影はかろうじてその名称の中に痕跡をとどめているにすぎない。

しかし、二度焼きの伝統がすっかり消滅してしまったかというと、そうではない。

ドイツにはツビーバック(Zwieback)というお菓子がある。ドイツ語でZwieは

「二回」を、backは「焼く」を意味するから、これは立派なビスコットの後継者である。

もっとも、形状はビスケットともビスコットとも少し違う。このお菓子は英国ではラスク（Rusk）と呼ばれている。

ツビーバックは、焼き上げたパンを薄くスライスして表面にアイシングを塗り、もう一度焼いてカリカリにしたものである。歴史的には新しいもので、二〇世紀になってから工業的に大量生産されて広まった。ツビーバックという名前は、イタリアのビスコットのドイツ語への直訳らしい。

さて、このお菓子は英国ではなぜラスクと呼ばれているのだろうか。

一九世紀の英米の料理書にはラスクのレシピがしばしば登場する。このレシピを見ると、ラスクは卵とバター、砂糖をたっぷり使った軽い菓子パンのようである。古い辞書にも、ラスクは「保存用の軽いパン」といった定義が書かれていることが多い。単に焼いただけでは当然保存用にはならないから、焼き上げた後に表面に砂糖入りの牛乳を塗って、再びオーブンに入れ乾燥させるのである。つまり、二度焼きする。二度焼きしないでそのままデザートとして食べる用途もあったようで、その場合は「フレッシュ・ラスク」と呼ばれたりする。

いずれにしても、現代におけるラスクよりもずっと広いカテゴリーを指していたことは間違いない。

ただ、興味深いのは、当時のラスクもまた長期の航海の保存食として重用されていたものであることだ。

アメリカの独立宣言の起草に関わったことで知られるベンジャミン・フランクリンは、政治家としてだけでなく、物理学者、気象学者、哲学者としても傑出した人物だったようで、特に凧《たこ》を使った雷の実験では有名なエピソードを遺している。そのフランクリンが、一七七五年のロンドンからフィラデルフィアへの船旅に関して著した論文の中でこんなことを書いている。

船用のビスケットは、歯に固すぎる。焼けば少しは軟らかくなるだろうが、ラスクのほうが良い。なぜなら、ラスクは発酵させて作った良質のパンだからだ。薄くスライスしてもう一度焼けば、水分を容易に吸ってただちに軟らかくなるので消化にも良く、発酵させていないビスケットなどよりよほど健康的な食べ物である。

要するに、一九世紀頃までは、ラスクとビスケットは航海用の保存食として同列のものとして捉えられていた。ただ、ラスクはビスケットよりも食べやすく、栄養価も高かったので、無味乾燥なビスケットよりも一段と高級な船内食だったのである。だからこそ、保存食としての役割を終えて陸に上がった後も、手軽に食べられるお菓子として残ったのだろう。

以上のことから、ツビーバックは陸に上がって嗜好品として定着したラスクをドイツに導入したものであることがわかる。ただ、工業製品としてラスクという商品名では具合が悪いので、ビスコットのドイツ語訳であるツビーバックとしたのである。

ケーキの話

洋菓子の源泉に触れる中で、これまでにさまざまなお菓子が時間の流れの中で生まれ、時には風味ばかりか姿かたちさえも変えながら、現代のよく知られる数々の銘菓へとたどり着いたことを見てきた。

洋菓子に限らず、どんなものも時間とともに変化する。その変化の記録が、すなわち歴史である。

ビスケットも、長い航海のための保存食として発達してきた味気のない固いお菓子が、保存食としての地位を離れた途端に油脂を加えられ、砂糖を加えられ、卵を加えられて、風味の良い食べやすいお菓子へと変貌した。

昔のままの船内食としてのビスケットだったら、現代の子どもには見向きもされないだろう。

英国を代表する洋菓子といえば「ケーキ（Cake）」の存在も忘れてはならない。これもまた、時間の流れの中で変貌を遂げたもののひとつである。

現在ではケーキといえば、スポンジケーキやクリームをたっぷり使った甘くて軟らかい洋菓子全般を指す言葉として使われている。しかし、本来の用途はもっとずっと狭いものだった。

たとえば、パウンドケーキを思い出してみよう。小麦粉とバター（油脂）、砂糖、卵をそれぞれ一ポンドずつ混ぜ合わせて作るところからその名がついたこのお菓子こそ、古典的な意味における英国のケーキを代表するものなのである。

英国における伝統的なケーキとは、基本的に上記の四種類を材料とした生地で作る焼き菓子で、パウンドケーキのようなしっとりとした柔らかな食感のものを中心に、英国本来のビスケット・タイプのショートケーキのような歯ごたえのあるものやマフィンのようなイーストで膨らませたものなどを含むカテゴリーを指す。これに、レーズンなどの乾燥フルーツを加えたり、シナモンやナツメグなどの香辛料を加えたり、アーモンドなどの副材料を加えたり、また時にはジャムやクリームなどを組み合わせたりしてさまざ

もっとも基本的なパウンドケーキ。

まなバリエーションを生み出すのである。形も、パウンド型と呼ばれる四角い型をはじめ丸型、楕円型などいろいろな型で焼かれる。

こうして英国本来のケーキの大木には、パウンドケーキを太い幹として、そこからダンディケーキやシムネルケーキ、プラムケーキ、マデラケーキなどの太い枝が伸び、さらにはショートケーキやパンケーキ、マフィン、スコーンなどの脇枝がつくという構図になっている。

フランスにもカトル・カール（Quatre-Quarts＝四分の一が四つ）というお菓子があるが、これは名前からわかるように英国のパウンドケーキの模倣である。フランスのケーキは、ほとんど例外なく英国から伝わったものので、名称も発音こそ少し違うもののつづりは英語のままというのが大部分だ。中にはガトー・ウィークエンドのように材料と形は英国のパウンドケーキのままで、そこにフランスのエスプリとでも言うべきエッセンスが詰め込まれた銘菓もあるけれど、これだって菓名の中にさりげなく英語が使われていることに注目していただきたい。

要するに、ケーキはもともとが英国の属性のひとつなのである。

この英国伝統のケーキが現代風の甘い洋菓子全般を指すようになったのは、アメリカ人の罪である。アメリカ人ときたら、何だって自分たちの好みに合わせて強引に変えてしまわずにはいられない連中なのだ。あるいは、伝統の乏しい国だから他国の伝統を覆すことなど何とも思っていないのかもしれない。

悪口はそのくらいにして、とにかくアメリカに渡ってケーキは俄然メジャーに成り上がった。それまで英国のローカルなお菓子のジャンルに過ぎなかったものが、世界に向かって堂々と両手を広げ、ありとあらゆるお菓子の世界の頭上に君臨し始めたのである。

エンゼルケーキやシフォンケーキなどはまだ英国風ケーキの範疇に留まっていると言えそうだが、チーズケーキはギリギリの線、ましてやマヨネーズケーキとかアイスクリームケーキとなると、これは謹厳実直なジョンブル（典型的な英国紳士）だったらきっと眉をひそめずにはいられないだろう。

しかし、今や世界中で（英国も含めて！）ケーキといえばこうしたケーキのことなのである。アメリカの強力な情報発信力の前では、伝統だ古典だ歴史だなんだかんだと言ってみても、それは象にたかった蝿のつぶやきでしかない。まあ、偉大なるアメリカのおかげで洋菓子の世界も大幅に広がったと思えば、それはそれで文句を言う筋合いではないのかもしれない。

同じアメリカ人による発明で、今や世界標準の言葉となったクッキーについては、少し前に書いた。このクッキーのもとになったオランダ語のクーキャという言葉は、実はケーキとも大いに関係が深い。

ケーキの語源はゲルマン祖語の「コーコ（kōkô）」とされるが、これが中世オランダ語でお菓子を意味する「クーク（Koek）」となり、英国へ伝わってケーキに、ドイツに伝わってクーヘン（Kuchen）になったのだという。オランダ語のクークは、もちろんクーキャと同類の言葉である。クークはまた、ドイツ語のコッヘン（Kochen＝調理する）や英語のクック（Cook＝調理する）ともつながっている。

だから、アメリカのクッキーは単なる当て字ではなく、語源的にも実に由緒正しい命名だったことになる。アメリカ人がそれに気づいていたかどうかは別として、それほど見当外れの言葉ではなかったわけだ。

ケーキが生み出す新しい文化

さて、そんなふうにアメリカを経由して世界中に広まった「新」ケーキだが、ここでアメリカのケーキにまつわるエピソードをひとつ紹介して、これまで延々と書いてきた洋菓子を巡るエピソードの終着点としたい。

皆さんは「ケーキウォーク」というのをご存じだろうか？

まあ、今ではほとんど話題になることもなくなってしまったからご存じなくても無理はないが、今から一〇〇年ほど前には時代の最先端を行くファッションとしてたくさんの人びとからもてはやされたものなのである。

ケーキウォークは、実はダンスの一種である。男女が一組となって二拍子の軽快な音楽に合わせてリズミカルなステップを刻む。大流行したのは二〇世紀初頭の花の都パリで、バルと呼ばれるダンスホールに大勢の男女が集まって、夜な夜なケークウォークに踊り興じた。そのブームは一種の社会現象となり、作家や画家、音楽家たちがこぞってケークウォークを題材とする作品を発表した。

中でも有名なのは、印象派の作曲家ドビュッシーで、彼は組曲『子どもの領分』の第六曲に「ゴリウォーグのケークウォーク」と題する一曲を収録したほか、このダンスをモチーフにした曲を何曲も書いている。もともとはパリの黒人居住者の多い地域で黒人同士で踊っていたものが白人の注目を集め、やがてアポリネールやピカソ、ドビュッシーなど同時代の芸術家が参加するようになって一気に花開いたのだという。

このことからもわかるように、ケークウォークは本来は黒人たちの文化だった。もとをたどれば、それはパリを遠く離れ、一九世紀終わりのアメリカ南部に行き着く。

南北戦争が終わった後も、アメリカ南部では黒人の地位は相変わらず低く、奴隷時代と大して変わらない生活を強いられていた。朝は早くから日が暮れるまで、黒人たちは男も女も白人経営者の下で低賃金で過酷な労働に明け暮れる牛馬のような日々を送っていたのだ。

そんな彼らの唯一の楽しみは、休憩時間を利用して繰り広げられる歌や踊り。つらい労働の間のほんのつかの間であっても、強烈なリズムに身を任せることで心身の疲れを癒すことができたのである。その彼らが、特に好んだのはチョークライン・ウォークと呼ばれるダンスだった。これは、床の上にチョークで線を引き、その線に沿って踊ったためにこの名前がついたのである。

過酷な労働は不満や不平のもととなる。小さな不満や不平であっても、それが溜まればやがて溢れ出し、一気に爆発へと向かうこともある。

白人の経営者にとって、それは日頃からの心配の種でもあった。そんな経営者たちが着目したのが、黒

ケーキウォークに興じる黒人と白人のカップル。当時のパリではこういう組み合わせがよく見られたという。
（レオ・ロート、1913年）

人労働者たちが好んで踊るチョークライン・ウォークである。このダンスには黒人労働者たちの心をなごませる効果があるらしい。そう見て取った白人経営者たちは、ひとつの企画を立てた。休日にチョークライン・ウォークのコンテストを開き、優勝者には賞品を出してやろう。

黒人たちももちろんこの企画に異存はなかった。好きなダンスにめいっぱい興じられる上に、賞品までもらえるのだ。

経営者たちが選んだ賞品は巨大なホーケーキ（Hoe cake）だった。ホーというのは農作業に使う鍬《くわ》のことで、黒人労働者たちはしばしば鍬の刃の部分を使ってとうもろこしのケーキを焼いていた。ろくな食事も与えられていなかった黒人労働者たちにとって、巨大なケーキはまたとない魅力ある褒美だったのである。

こうしてチョークライン・ウォーク・コンテストは大好評を博して何度も繰り返し開催され、チョークライン・ウォークも賞品にちなんでいつしかケーキウォークと呼ばれるようになった。

このケーキウォークが海を渡ったパリで黒人を中心にブームを巻き起こしたことは先に書いたとおりである。パリは今でも独特の黒人文化を持った都市と言われるが、その発端にケーキウォークがあったことは、文化史の研究に携わる者にはよく知られた事実である。

一方、アメリカ国内ではケーキウォークは南部を拠点として独自の発展を遂げ、後に大きなうねりとなる新しい音楽ジャンルの礎としての役割を果たした。その新しい音楽ジャンルこそジャズである。

ジャズはケーキウォークから発展したラグタイムをベースにアメリカ南部で生まれた純粋に黒人の文化である。過酷な労働に疲弊した黒人たちのつかの間の娯楽であったダンスとケーキが結びつくことでひとつの新しい小さな文化が生まれ、それはやがて世界を席巻するメジャーな文化へと成長を遂げる。いまやジャズは人種も民族も超えた人類共通の財産である。

こうしてみると、英国産の狭義のケーキがアメリカで広義のケーキに生まれ変わったことも、まんざら悪いことではないように思える。

少なくとも、このこと自体、洋菓子というちっぽけなものが世界の文化の発展に貢献しているという、ささやかだけれどもまぎれもない証拠なのだ。

あとがき

洋菓子の由来や伝説に興味を覚えたのは、今から四〇年ほども前のある雑誌の記事がきっかけでした。

その雑誌というのはスイスの製菓専門誌で、そこに載っていたフランス語の短い記事がなぜか私の目にとまったのです。フランス語の超初心者であった私は、無謀にも辞書と首っ引きでその記事を読み解く作業に挑み、丸一日がかりで何とか大意を理解することができました。タイトルはもう忘れてしまいましたが、ウィーンを攻めるオスマン・トルコ軍の奇策がパン屋の機転で露見し、その功績によりパン屋にはトルコの紋章である三日月形のパンを作る権利が褒美として与えられた、というのがその内容でした。つまりそれは、ウィーンの伝統菓子であるキプフェルの由来伝説について書かれた記事だったのです。

それ以来、洋菓子の由来と伝説に関心を持ち、機会あるごとにエピソードを集めてきましたが、そのたびにいつも私の頭に浮かんでくるひとつの疑問がありました。

こんな話、いったいどこから引いてきたんだろう？

洋菓子の由来について書かれたほとんどの文献や資料には根拠が示されていませんでした。にもかかわらず、その由来がまるで周知の事実でもあるかのように断定的に書かれていたのです。それが不思議でした。

疑問を解くには自分で調べるしかない。そう思って調べ始めたのが、本書を書くことになったそもそもの動機です。

調べているうちにあることに気がつきました。それは、洋菓子の由来や伝説はヨーロッパの歴史や文化と深く結びついているらしいということです。考えてみればあたりまえの話で、洋菓子に限らず、何かが生まれて育ち発展するその背後には必ず人びとの暮らしがあり、その人びとの暮らしは歴史や文化と切り離してはありえないものだからです。

こうして私の洋菓子の由来と伝説の探求は、自然とヨーロッパの歴史と文化の探求を含むものになりました。

私の調査における基本方針はいたって単純で、できる限り一次資料、すなわち引用や孫引きではないオリジナルの原典に当たるというものでした。とは言うものの、これはもちろん簡単な仕事ではありません。まずはその原典を突き止めるのに相当の苦労を強いられました。さらには、その原典を入手するのもそれ以上に難しい作業で、時にはほとんど不可能ではないかとさえ思えたほどでした。

この困難を乗り越えることができたのはインターネットのおかげです。インターネットは功罪相半ばするメディアですが、こと洋菓子の由来と伝説を探るという私の目的に関しては大いに役立ってくれました。

こうして苦心の挙句に書き上げることができた本書ですが、そのテーマを一言で言うならば「定説を鵜呑みにせず、その背後にある歴史と文化に目を向けよう」ということに尽きます。これは、さしたる根拠もない洋菓子の由来話をさんざん聞かされてきた私の経験に基づく教訓でもあります。

普段何気なく口にしているさまざまな洋菓子ですが、その陰には長い歴史に彩られた興味深い物語が隠されていることも少なくありません。その物語を知っていただくことで、ありふれた洋菓子に新たな光が射し、一層深い味わいを感じていたくことができたなら著者として望外の喜びです。

本書で紹介している多数の文献・資料の引用は、できる限り一次資料に当たるという基本方針にしたがって、(邦訳があるものも含めて)原典から私自身が翻訳しました。ですから、翻訳に瑕疵《かし》があるとすればそれはすべて私の責任です。

本書の核ともいうべきエピソードは、韓国の製菓専門誌『パティシエ』に二〇一二年一月から一五回にわたって掲載された連載記事がもとになっています。それを日本の読者向けにかなり大幅に改稿して第二部とし、さらに第一部とコラムを新たに書き起こして一冊にまとめました。

また、エピソード中の一部では、私が洋菓子専門月刊誌『ガトー』の編集長を務めていた時代に収集した資料も利用しています。

両誌の発行元であるB&Cワールド社と日本洋菓子協会連合会に対してあらためて謝意を表します。

本書の執筆に際してはたくさんの方のご協力を仰ぎました。中でも、現役のパティシエでカレームをはじめとするフランスの貴重な料理書の収集家でもある河田勝彦さん、出版にあたって築地書館との仲介の労をとってくださった中島三紀さん、フランス語のスペルや読み方について有益な助言をいただいた樫山文男さんのご好意に触れないわけにはいきません。ありがとうございました。

二〇一七年九月　長尾健二

FRENCH TONGUE TWISTERS VIRELANGUES; http://www.uebersetzung.at/twister/fr.htm
STEPHEN HARRIS: THE STORY BEHIND THE CLASSIC TARTE TATIN; http://www.telegraph.co.uk/food-and-drink/features/stephen-harris-the-story-behind-the-classic-tarte-tatin/
LES LICHONNEUX DE TARTE TATIN; http://stephanevaladou.wixsite.com/lichonneuxtatin/lesprit-et-les-lois
AUSSTELLUNG "LINZER TORTE - GEDICHT OHNE WORTE"; https://www.tiscover.com/at/guide/5,de/objectId,SIG1476808at,parentId,RGN214at/intern.html
WIKTIONARY: TART; https://en.wiktionary.org/wiki/tart

episode14　ビスケット

●文献

THE HISTORY AND ADVENTURES OF THE RENOWNED DON QUIXOTE［ドン・キホーテ］: Miguel de Cervantes Saavedra (1880) ※
DICTIONNAIRE UNIVERSEL［博覧辞典］: Antoine Furetière (1708)
AS YOU LIKE IT［お気に召すまま］: William Shakespeare (1599) ※
VOCABOLARIO DEGLI ACCADEMICI DELLA CRUSCA［クルスカ・アカデミー語彙辞典］(1691)
THE VIRGINIA HOUSEWIFE: OR, METHODICAL COOK : Mary Randolph (1838)
THE WORKS OF DR. BENJAMIN FRANKLIN: PHILOSOPHICAL : Benjamin Franklin (1809)
THE CAKEWALK, A STUDY IN STEREOTYPE AND REALITY : Brooke Baldwin (1981)
JAZZ STYLE IN KANSAS CITY AND THE SOUTHWEST : Ross Russell (1983)

●リンク

WHO TAKES THE CAKE? THE HISTORY OF THE CAKEWALK; http://americanhistory.si.edu/blog/who-takes-cake-history-cakewalk

LE NOUVEAU MÉMORIAL DE LA PÂTISSERIE（前掲）
DICTIONNAIRE UNIVERSEL DE CUISINE PRATIQUE（前掲）
LA BÛCHE DE NOËL “UNE HISTOIRE EN DENTS DE SCIE”［ビュッシュ・ド・ノエル、そのジグザクの歴史］: Pièrre Leonforte（Figaro, 2000 年 12 月 17 日）
THE ART OF COOKERY［料理技法］: Hannah Glasse (1788)
OXFORD DICTIONARY OF ENGLISH Second Edition［オックスフォード英語辞典］(2003)
THE PUDDING KING? : Ivan Day (2012)
THE HOME LIFE OF THE ROYAL FAMILY［王室の家庭生活］: Strand Magazine（1911 年 12 月号）
LONDON SOCIETY［ロンドン・ソサイエティ］(1868)

episode12　パン・デピス

●文献

CYRANO DE BERGERAC［シラノ・ド・ベルジュラック］: Edmond Rostand (1897) ※
DICTIONNAIRE FRANÇOIS［フランス語辞典］: Pierre Richele (1680)
LE GRAND DICTIONNAIRE DE CUISINE（前掲）
HISTOIRE DE LA VIE PRIVÉE DES FRANÇAIS, T.II［フランス人の私生活史］: Legrand d'Aussy (1782)
SOCIÉTÉ NATIONALE D'AGRICULTURE, SCIENCES ET ARTS (1850)
ALMANACH DES GOURMANDS（前掲）
SWEET INVENTION: A HISTORY OF DESSERT（前掲）
OLD SANTECLAUS［サンタクロースおじいさん］: Clement Clarke Moore (1821)

●リンク

SAINT NICOLAS; http://www.stnicholascenter.org/pages/saint-nicolas/
THE HISTORY OF PANETTONE; http://www.ompersonal.com.ar/omchristmas/historyofpanettone.htm

episode13　タルト・タタン

●文献

LA FRANCE GASTRONOMIQUE: ORLÉANS［フランス・ガストロノミク］: Curnonsky et Marcel Rouff (1926)
CENT MERVEILLES DE LA CUISINE FRANÇAISE（前掲）
DICTIONNAIRE DE L'ACADÉMIE FRANÇOISE TOME 2［アカデミー・フランス語辞典］(1694)
PÂTISSIER PITTORESQUE［パティシエ・ピトレスク］: Antonin Carême (1815)
THE LANGUAGE OF LONDON: COCKNEY RHYMING SLANG : Daniel Smith (2014)

●リンク

●リンク
CROISSANTS; http://www.epicurious.com/recipes/food/views/Croissants-394749#ixzz20CgGwXyc

episode9　パンプキン・パイ

●文献
LIFE（1941年11月3日号）
REPORTS ON THE HERBACEOUS FLOWERING PLANTS OF MASSACHUSETTS : Chester Dewey (1840)
MOSAIC GLEANINGS : Mrs. R. Frazier (1889)
ST. NICHOLAS, CONDUCTED Vol.10 : M.M. Dodge (1883)
THE STEWARD'S HANDBOOK AND GUIDE TO PARTY CATERING［司厨長のためのハンドブック］: Jessup Whitehead (1889)
GATES GETS PIED: DAILY NEWS［ゲイツ、パイを喰らう］: George Mannes（1998年2月5日）
●リンク
JACK OF THE LANTERN; http://www.jesterbear.com/Wicca/JackOLantern.html
NIIGATA GOVERNOR CALLS TEPCO'S TURNAROUND PLAN A 'PIE IN THE SKY'; http://www.fukushima-is-still-news.com/article-tepco-s-plan-a-pie-in-the-sky-idea-122097811.html
PIE IN THE SKY; http://www.phrases.org.uk/meanings/pie-in-the-sky.html
LAUREL AND HARDY - THE BATTLE OF THE CENTURY (1927) - THE PIE FIGHT; https://www.youtube.com/watch?v=aHY5SM0YFv0

episode10　サヴァラン

●文献
LE VENTRE DE PARIS［パリの腹］: Émile Zola (1873) ※
SWEET INVENTION: A HISTORY OF DESSERT（前掲）
DICTIONNAIRE UNIVERSEL DE CUISINE PRATIQUE（前掲）
LE NOUVEAU MÉMORIAL DE LA PÂTISSERIE（前掲）
PHYSIOLOGIE DU GOÛT［味覚の生理学］: Jean Anthelme Brillat-Savarin (1825)
王のパティシエ――ストレールが語るお菓子の歴史：ピエール・リエナール、フランソワ・デュトゥ、クレール・オーゲル著（大森由紀子・塩谷祐人訳、白水社、2010）

episode11　ビュッシュ・ド・ノエル

●文献
ORANGE COAST MAGAZINE［オレンジ・コースト・マガジン］（1986年12月号）
LA NOUVELLE MAISON RUSTIQUE Tome 1 : Louis Liger (1777)
NOËL : Desclée, De Brouwer (1894)

の遺産］: Brigitte B. Fischer (1986)
OXFORD COMPANION TO FOOD［オックスフォード食品必携］: Alan Davidson (1999)
SWEET INVENTION: A HISTORY OF DESSERT［スイート・インベンション］: Michael Krondl (2011)
ÖSTERREICHISCHES BIOGRAPHISCHES LEXIKON (1996)

episode7　マドレーヌ

●文献

A LA RECHERCHE DU TEMPS PERDU［失われた時を求めて］: Marcel Proust (1913) ※
L'ALMANACH DES GOURMANDS［食通年鑑］: Grimod de La Reynière (1803-1812)
PÂTISSIER ROYALE PARISIEN（前掲）
LE LIVRE DE PÂTISSERIE（前掲）
LAROUSSE GASTRONOMIQUE［ラルース料理百科事典］: Prosper Montagné (ed.) (1938)
LE NOUVEAU MÉMORIAL DE LA PÂTISSERIE（前掲）

episode8　ブリオシュ

●文献

LES MISÉRABLES（前掲）
LES CONFESSIONS（前掲）
DICTIONNAIRE ÉTYMOLOGIQUE OU ORIGINES DE LA LANGUE FRANÇOISE［フランス語の語源と由来辞典］(1694)
COTGRAVE'S 1611 FRENCH / ENGLISH DICTIONARY［仏英辞典］(1611)
DICTIONNAIRE FRANÇOIS［フランス語辞典］(1680)
LE GRAND DICTIONNAIRE DE L'ACADÉMIE FRANÇOISE T.1［フランス・アカデミー辞典］(1696)
DICTIONNAIRE DES ALIMENS［食物辞典］(1750)
LE GRAND-DUC［大公爵］: Frédéric de Courcy (1840)
LA MODE: REVUE DES MODES［ラ・モード］(1848)
PÈRE DUCHESNE: HÉBERT ET LA COMMUNE DE PARIS［ペール・デュシェーヌ］: Jacques Hébert (1790-1794)
LES CHARLATANS CÉLÈBRES : J. B. Gouriet (1819)
LES CRIS DE PARIS : Victor Fournel (1887)
LA MARCHANDE DE GATEAUX DE NANTERRE: LA SEMAINE DES FAMILLES : René (1866)
FRANCE, Vol.2 Lady Morgan: (1817)
ONCE A WEEK (September 12, 1868)
LES CÉLÉBRITÉS DE LA RUE : Charles Yriarte (1864)
PETITS MÉTIERS DE PARIS［パリの行商人］: Carle Vernet (1822)

episode4　エクレール

●文献

LE TROMBINOSCOPE［トロムビノスコープ］: Touchatout (1872)
名前が語るお菓子の歴史 : ニナ・バルビエ、エマニュエル・ペレ（北代美和子訳、白水社、1999）
LE LIVRE DE PÂTISSERIE［パティスリーの本］: Jules Gouffé (1872)
L'INTERMÉDIAIRE DES CHERCHEURS ET CURIEUX［探求者と好奇心の架け橋］: Lucien Faucou (1884)
LE PÂTISSIER FRANÇOIS［フランスのパティシエ］: François La Varenne (1653)
LA CUISINIERE BOURGEOISE［ブルジョワの女料理人］: Menon (1756)
CUISINIER ROYAL ET BOURGEOIS［宮廷およびブルジョワの料理］: François Massialot (1721)
DICTIONNAIRE DE L'ACADÉMIE FRANÇOISE TOME 2［フランス・アカデミー辞典］(1822)
CRÊPES ET BEIGNETS : Georges Dubosc (1925)

episode5　ヴォローヴァン

●文献

LE PETIT PÂTISSIER［プティ・パティシエ］: Charles Monselet (1865)
COOKING FOR KING, THE LIFE OF ANTONIN CARÊME［王の料理人］: Ian Kelly (2003) ※
名前が語るお菓子の歴史（前掲）
LA DÉCADE PHILOSOPHIQUE, LITTÉRAIRE ET POLITIQUE［哲学および文学、政治の旬日］(1800)
SEMAINES CRITIQUES, OU GESTES［批評の週日］(1797)
DICTIONNAIRE UNIVERSEL DE CUISINE PRATIQUE, TOME 4［実用料理大辞典］: Joseph Favre (1916)
LE CUISINIER FRANÇOIS［フランスの料理人］: François La Varenne (1651)
LE CUISINIER MODERNE［現代の料理人］: Vincent la Chapelle (1742)
PÂTISSIER ROYALE PARISIEN（前掲）
TRAITÉ DE L'OFFICE［オフィス概論］: M. Étienne (1845)
LE NOUVEAU MÉMORIAL DE LA PÂTISSERIE［パティスリーの新覚書］: Pièrre Lacam (1934)
L'ART DU CUISINIER［料理人の技法］: Antoine Beauvilliers (1814)

episode6　ザッハトルテ

●文献

MY EUROPEAN HERITAGE: LIFE AMONG GREAT MEN OF LETTER［わがヨーロッパ

第二部　おしゃべりな洋菓子たち

episode1　ガトー・デ・ロワ

●文献

MADEMOISELLE PERLE［マドモワゼル・ペルル］: Guy de Maupassant (1886) ※
LE GASTRONOME FRANÇAIS, OU L'ART DE VIEN VIVRE (1828)
NOTRE-DAME DE PARIS［ノートル・ダム・ド・パリ］: Victor Hugo (1837) ※
LA GALETTE : BOULEVARD BONNE NOUVELLE (1875)
LA GALETTE : LA GRANDE VILLE: NOUVEAU TABLEAU DE PARIS (1842)
THE BOOK OF CHRISTMAS : Thomas K. Hervey (1845)
FAIRY FABLES : Cuthbert Bade (1857)

●リンク

LA GALETTE DES ROIS; http://vivre-au-moyen-age.over-blog.com/article-15214176.html
EPIPHANY, OR TWELFTH DAY; http://neveryetmelted.com/2011/01/06/epiphany-or-twelfth-day-3/

episode2　クレープ

●文献

LE VOLEUR DE CRÊPES［クレープ泥棒］: Paul Sébillot (1885)
LIFE A LA HENRI: BEING THE MEMORIES OF HENRI CHARPENTIER : Henri Charpentier(2001)
LE MÉNAGIER DE PARIS［メナジエ・ド・パリ］: Un Bourgeois Parisien (1394)
CENT MERVEILLES DE LA CUISINE FRANÇAISE（前掲）

●リンク

PANCAKE DAY: http://www.historic-uk.com/CultureUK/Pancake-Day/

episode3　アップルパイ

●文献

APPLE PIE［アップルパイ］: H. W. Beecher (1862)
APPLE PIE AND CHEESE［アップルパイとチーズ］: Eugene Field (1889)
THE FORME OF CURY［フォーム・オブ・キュリー］: The master cooks of King Richard II (1390)
ARCADIA［アルカディア］: Robert Greene (1590)
A APPLE PIE［アップルパイ］: Kate Greenaway (1886)
LES MISÉRABLES［レ・ミゼラブル］: Victor Hugo (1862) ※
CROSS-COUNTRY SNOW［クロスカントリー・スノー］: Ernest Hemingway (1924) ※

参考資料

本文中で引用もしくは参照した文献およびウェブサイトの一覧は以下のとおり。

記載順は、文献では、「書名・資料名［引用における日本語訳タイトル］：著者・編者名（発行年、発表年）」、リンクでは「タイトル：URL」（2017年9月時点で閲覧可能なもの）。

末尾の※は邦訳書あり（ただし、本書では既存の邦訳は使用していません）。

第一部　文化史としての洋菓子の歴史

●文献

LA GASTRONOMIE AU MOYEN AGE : Odile Redon, François Sabban, Silvano Serventi (1991)
LE CUISINIER MODERNE［現代の料理人］: Vincent La Chapelle (1742)
CENT MERVEILLES DE LA CUISINE FRANÇAISE : Robert Courtine (1971)
DICTIONNAIRE PORTATIF DES ARTS ET MÉTIERS［技能および職業携帯辞典］: Philippe Macquer (1766)
OUVRIERS DE PARIS［パリの職人］: Pièrre Vinçard (1863)
PÂTISSIER ROYALE PARISIEN［パティシエ・ロワイヤル・パリジャン］: Antonin Carême (1815)
LES CONFESSIONS［告白］: Jean-Jacques Rousseau (1781) ※
LE GRAND DICTIONNAIRE DE CUISINE［料理大辞典］: Alexandre Dumas (1871) ※
LA MORT DE CARÊME : Frédéric Fayot (1833)
L'ART DE LA CUISINE FRANÇAISE AU DIX-NEUVIÈME SIÈCLE［19世紀フランスの料理術］Antonin Carême (1833-1843)
LE CUISINIER PARISIEN［パリの料理人］: Antonin Carême (1828)
LA SEMAINE DES FAMILLES［家族の週日］(1862)

●リンク

NAVETTES SPÉCIALES : http://www.lemonde.fr/m-actu/article/2014/02/14/navettes-speciales_4365609_4497186.html
LE PARIS-BREST, HISTORIQUE : http://www.paris-brest.fr/historique.html

【サ行】

【タ行】

◎一般項目

【タ行】

【ナ行】

【ハ行】

索引

◎菓名

【ア行】

【カ行】

【サ行】

著者紹介
長尾健二（ながお・けんじ）
1949年東京生まれ。
（社）日本洋菓子協会連合会にて30年近くにわたって洋菓子専門月刊誌『ガトー（GATEAUX）』の編集に携わった後、退職してからはフランス料理を中心とする食文化史の探求に専念する。また、併せて洋菓子の由来と歴史に関する古今の資料収集にも力を注ぐ。
著書『ガストロノミー――フランス美食革命の歴史』（韓国B&Cワールド社刊、2012年）

歴史をつくった洋菓子たち

キリスト教、シェイクスピアからナポレオンまで

2017年12月22日　初版発行

著者　長尾健二
発行者　土井二郎
発行所　築地書館株式会社
東京都中央区築地7-4-4-201　〒104-0045
TEL 03-3542-3731　FAX 03-3541-5799
http://www.tsukiji-shokan.co.jp/
振替 00110-5-19057
印刷・製本　中央精版印刷株式会社
装丁　吉野愛

　ISBN978-4-8067-1549-8